Paul William Gregson

Clássicos do Brasil

MAVERICK

Copyright © 2011 Alaúde Editorial Ltda.

Todos os direitos reservados. Nenhuma parte desta edição pode ser utilizada ou reproduzida – em qualquer meio ou forma, seja mecânico ou eletrônico –, nem apropriada ou estocada em sistema de banco de dados sem a expressa autorização da editora.

O texto deste livro foi fixado conforme o acordo ortográfico vigente no Brasil desde 1º de janeiro de 2009.

PRODUÇÃO EDITORIAL:
Editora Alaúde

REVISÃO:
Cacilda Guerra e Beatriz Nunes de Sousa

CONSULTORIA TÉCNICA:
Bob Sharp

1ª edição, 2011 (2 reimpressões) / 2ª edição, 2022

Dados Internacionais de Catalogação na Publicação (CIP)
(Câmara Brasileira do Livro, SP, Brasil)

Gregson, Paul William
Clássicos do Brasil : Maverick / Paul William Gregson. -- 2. ed. -- São Paulo : Alaúde Editorial, 2022.

Bibliografia.
ISBN 978-65-86049-87-9

1. Maverick (Automóvel) I. Título.

22-110061   CDD-629.222209

Índices para catálogo sistemático:
1. Maverick : Automóveis : História : Tecnologia 629.222209
Cibele Maria Dias - Bibliotecária - CRB-8/9427

O conteúdo desta obra, agora publicada pelo Grupo Editorial Alta Books, é o mesmo da edição anterior.

2022
A Editora Alaúde faz parte do
Grupo Editorial Alta Books
Avenida Paulista, 1337, conjunto 11
01311-200 – São Paulo – SP
www.alaude.com.br
blog.alaude.com.br

Compartilhe a sua opinião
sobre este livro usando a hashtag
#ClássicosDoBrasil
#ClássicosDoBrasilMaverick
nas nossas redes sociais:

  /EditoraAlaude
  /EditoraAlaude

SUMÁRIO

CAPÍTULO 1 – A origem 5

CAPÍTULO 2 – A chegada ao Brasil 21

CAPÍTULO 3 – A evolução dos modelos 39

CAPÍTULO 4 – Nas pistas 79

CAPÍTULO 5 – Dados técnicos 95

Fontes de consulta 105

Crédito das imagens 106

CAPÍTULO 1

A ORIGEM

ESTADOS UNIDOS

Tudo começou nos Estados Unidos em meados dos anos 1960, quando a Ford Motor Company deu início ao projeto de um veículo compacto, prático, suficientemente econômico e barato para concorrer com automóveis europeus que estavam invadindo a América do Norte. Um desses modelos, o Fusca, já era velho conhecido nosso – o Brasil havia se motorizado com ele –, mas, para o mercado americano, além de novidade, tratava-se de uma ameaça. O padrão vigente, de carros enormes, com motores grandes e potentes, muitos cromados, com pneus faixa branca e tantas outras características especiais, passara a sofrer uma influência bem oposta. Os americanos começavam a se render à versatilidade dos carros pequenos.

O processo de desenvolvimento e evolução do design do veículo foi, no entanto, bastante amplo, tendo como base quatro outros modelos da empresa: Thunderbird, Falcon, Fairlane e Mustang. Embora competissem entre si em segmentos de mercado distintos, eles reuniam qualidades ideais para um carro novo.

O desenvolvimento da ideia desse novo carro, em 1966, foi rápido: dos primeiros desenhos até o protótipo em tamanho real (em metal) passaram-se apenas quatro meses, o que demonstra a certeza que a Ford tinha a respeito do projeto. A escolha do nome e do logotipo ocorreu no ano de 1968. O nome teria sido uma homenagem ao texano Samuel Augustus Maverick, herói da Guerra da Independência. Por ter o Texas uma forte vocação agropecuária, atividade que representa de maneira bem típica a força, a simplicidade e a robustez do espírito cowboy, entende-se o motivo da utilização dos chifres de boi estilizados no logotipo. Há também a versão de que *maverick* seria uma raça de gado, enquanto uma terceira defende a teoria de que a palavra significa

Modelos de pré-projetos de design do Maverick.

A origem

Logotipo do Maverick americano.

"rês desgarrada", em alusão a algo jovem e que segue seu próprio caminho, de forma independente. Seja qual for a versão que corresponde à verdade, o fato é que o nome já estava definido. O logotipo trazia as letras em cromado unidas em pelo menos uma de suas extremidades, o que criava uma impressão de uniformidade e força, e a inclusão dos chifres de boi na parte interna da letra V, o que dava o toque rústico desejado.

Superada a etapa de projeto, seguiram-se a produção e as demais fases de lançamento do novo modelo, com campanhas publicitárias e outras ações inerentes ao importante acontecimento.

Nascido oficialmente em 17 de abril de 1969 – não por acaso, o mesmo dia e mês em que o Mustang havia sido apresentado ao público, cinco anos antes –, durante o Salão do Automóvel de Nova York, o Maverick foi concebido e produzido inicialmente na fábrica de Kansas City (Missouri). Chegou ao mercado com três opções de motores, todos de seis cilindros (144 ou 170 polegadas cúbicas, 2.360 cm^3 ou 2.786 cm^3, respectivamente, ambos de 105 cv, e o motor vendido como opcional, com 200 polegadas cúbicas (3.277 cm^3), que rendia 120 cv brutos), e com um preço bastante convidativo: apenas 1.995 dólares.

Maverick 1969: o início.

O motor 144 se mostrou inapropriado para o conjunto do Maverick e rapidamente foi retirado de linha, mas as demais variantes do motor de seis cilindros, mais adequadas ao carro, foram mantidas. O câmbio era de três marchas à frente mais ré, com alavanca de acionamento na coluna de direção, sendo opcional sua instalação no assoalho, e podia ser manual ou, apenas no caso do modelo com motor 170, automático. Os pneus e as rodas eram disponíveis nas opções 6 x 13 e 6,45 x 14. É interessante observar que as rodas aro 13 também só existiram nesse início de vida do Maverick, tendo sido substituídas logo em seguida pelas de aro 14. As suspensões foram herdadas do Mustang (dianteira) e do Falcon e do Fairlane (traseiras), mantendo o feixe de molas e o eixo rígido na parte posterior. Finalmente, possuía freios a tambor nas quatro rodas.

A campanha de lançamento recorreu ao estilo *country*, com material publicitário que evocava o nacionalismo americano por meio dos *slogans* "O fim da intriga internacional" (*The end of foreign intrigue*) e "O primeiro carro dos anos 1970 com preços dos anos 1960" (*The first car of the '70s at '60 prices*), além da imagem de modelos vestidos de vaqueiros ao lado dos carros. Com essa publicidade, a Ford queria mostrar que estava pondo um fim à invasão de carros compactos europeus e, ainda por cima, oferecendo um pro-

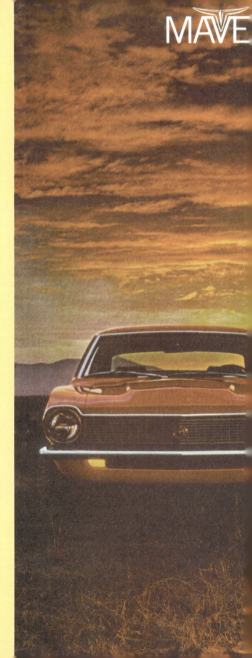

duto novo, barato e com grande apelo nacionalista.

Os primeiros Mavericks são muito raros atualmente, já que a linha 1969 foi descontinuada em 23 de outubro desse ano, dando lugar à produção dos modelos 1970.

Em quase nove anos de produção, o Ford Maverick acumulou vendas de cerca de 2,5 milhões de unidades. Os melhores resultados – 752.129 de unidades – foram obtidos em 1970 e em 1974, quando o carro passou por suas mais importantes mudanças estéticas e mecânicas. Não é por acaso que esses dois anos foram os mais representativos em vendas: em 1970, o Maverick era uma novidade e se tornara objeto de desejo graças à eficiente campanha de marketing realizada tanto antes quanto após seu lançamento; em 1974, o modelo sofreu as mais importantes mudanças estéticas, o que trouxe mais uma vez o conceito do novo à mente do consumidor.

Embora lançado em 1969, o Maverick foi apresentado como modelo 1970 ou, como preferem alguns, 1969 ½, a exemplo do ocorrido com o Mustang (1964 ½). Isso se justifica, pois em meados de outubro de 1969 chegaria ao mercado a versão 1970. A principal diferença entre o Maverick 1969 ½ e o 1970 era a posição da chave de ignição, fixada ao painel no primeiro modelo e depois transferida para a coluna de direção. Outra característica interessante desse início de vida do carro diz respeito ao modelo Grabber, que, apesar do visual

Folheto de lançamento do modelo 1970.

Versão sedã: foco no público familiar.

esportivo com as faixas decorativas, era equipado com motor de seis cilindros e não exibia nenhum logotipo indicando a versão. Além disso, a barra interna da porta, um reforço em caso de batidas laterais, não estava disponível nesses primeiros modelos.

Os primeiros Mavericks, de 1969, foram oferecidos com alguns opcionais, como a transmissão automática, que implicava o pagamento adicional de 201 dólares. Caso o cliente tivesse interesse no ar-condicionado, o valor do carro aumentava em 380 dólares. Após seu lançamento, o Maverick sofreu algumas modificações com o passar dos anos, listadas a seguir:

1970 – Em janeiro, surgiu um novo motor de seis cilindros e 250 polegadas cúbicas (4.092 cm^3, 145 cv), complementando as opções de motorização já existentes. Em dezembro, foi lançado o mais famoso de todos, o 302 V-8 (4.942 cm^3, 199 cv, embora algumas fontes indiquem 210 cv). Portanto, no final desse ano, o Maverick possuía quatro opções de motores, sendo três seis-cilindros (170/200/250) e uma V-8 (302).

Havia três opções de câmbio: manual com três velocidades, manual com quatro velocidades e automática, esta com acréscimo de 201 dólares no preço. Os itens opcionais se limitavam a ar-condicionado, direção hidráulica e uma versão de câmbio semiautomático. O preço de venda era o mesmo que o da linha 1969 ½ (a partir de 1.995 dólares).

1971 – Chegou ao mercado uma versão alongada em 18 cm: o Maverick sedã, ou quatro-portas.

Foi lançada também a nova versão esportiva (Grabber), que ostentava os mesmos detalhes únicos de acabamento e decoração da anterior, como as faixas decorativas nas laterais, no capô e no painel traseiro, e as rodas com calotas e sobrearos (como no Mustang). O nome da versão agora aparecia estampado dentro das faixas laterais e no capô.

Versão esportiva Grabber.

Outra novidade foi o lançamento pela Mercury, divisão de luxo da Ford, do Comet, um Maverick de luxo. Trazia pequenas alterações visuais, como nas lanternas traseiras e no capô do motor, mais pronunciado, e era oferecido nos modelos Standard (básico), LDO (luxo) e GT (esportivo).

Com a exclusão do aro 13 das rodas, permaneceu apenas o aro 14 com os pneus

A origem

nas medidas D70 (Grabber) e 6,45 nas demais versões.

Os preços de venda dos Mavericks produzidos nesse ano eram: cupê, 2.175 dólares; sedã, 2.235 dólares; e Grabber, 2.354 dólares, e os opcionais continuavam os mesmos.

1972 – Surgiu a versão Sprint, que trazia faixas decorativas externas com quatro opções de cor (verde, branca, vermelha ou azul), aplicadas sobre a cor base do carro, além da combinação (de gosto duvidoso) do estofamento dos bancos, carpete e painel na mesma composição de cores da carroceria. Esse padrão de acabamento também foi adotado em outros dois modelos: o Ford Pinto e o Mustang.

Outra novidade desse ano foi o lançamento, para o Maverick, da versão mais luxuosa, chamada de LDO (Luxury Decor Optional).

1973 – O motor 170 saiu de linha, permanecendo os motores 200, 250 e 302 V-8 como as únicas opções de motorização, com vendas de 291.675 unidades. Nesse ano, os opcionais se restringiam ao rádio AM/FM estéreo, para todas as versões, e o meio-teto de vinil, exclusivo dos cupês. Um detalhe interessante foi o surgimento dos pneus Wide Oval, muito cobiçados no Brasil.

Versão LDO com teto de vinil parcial.

A trilogia Sprint.

Ano	Produção
1969	127.833
1970	451.081
1971	271.897
1972	254.964
1973	291.675
1974	301.048
1975	162.572
1976	139.687
1977	98.506
TOTAL	2.099.263

Sucesso de vendas.

A rara e esportiva versão Stallion.

1974 – Devido a uma brusca mudança na legislação americana de segurança de trânsito, os veículos passaram a ser equipados com enormes para-choques retráteis que, em caso de pequenos acidentes, minimizavam o impacto em pedestres. Grandes, com ângulos retos e muito pesados, destoavam totalmente das linhas harmônicas da carroceria do Maverick.

1975 – Nada de novo foi incorporado à linha Maverick. O Mercury Comet teve redução de 60 por cento na produção, e a versão Comet GT foi descontinuada. Na linha Ford, o Maverick perdeu a versão Grabber (esportiva).

1976 – Como o Grabber parou de ser produzido, foi lançada a versão Stallion (que significa garanhão, numa alusão aos cavalos reprodutores). Esse modelo esportivo exibia faixas decorativas laterais que estampavam vários cavalos correndo ladeados por uma espécie de escudo, aplicados sobre uma pintura prata. Houve também as versões nas cores vermelha e preta, e amarela e preta. Não foi bem-sucedido em vendas, e sua produção ficou restrita a esse ano. Tornou-se um modelo muito cobiçado atualmente entre os colecionadores.

1977 – Nada de novo na linha Maverick. Ao contrário, foi o fim da linha para o produto Maverick, após nove anos de produção, com o registro de um total que superou os 2 milhões de veículos vendidos.

CANADÁ

Sucesso de vendas no país, o Maverick foi produzido na fábrica de Saint Thomas, em Ontário, e apresentado oficialmente em 31 de março de 1969. Lançado como modelo 1970 e com preço inicial de 2.375 dólares canadenses, teve o privilégio de ser anunciado por ninguém menos que o vice-presidente de marketing e planejamento da Ford Canadá, Robert F. McNulty, que afirmou na coletiva de imprensa que "o Maverick possui os atributos necessários para inaugurar um novo segmento entre os veículos compactos e os modelos importados".

O Maverick foi lançado no Canadá com o mesmo motor de seis cilindros (170 pol^3 que produzia 105 cv), tendo como opcional outro motor, também de seis cilindros (120 pol^3), mas com 120 cv de potência. As opções de câmbio eram manual, semiautomático e automático, todos com três velocidades à frente mais ré e com acionamento por meio de alavanca na coluna de direção. Tratava-se, portanto, do mesmo conjunto mecânico oferecido aos consumidores dos Estados Unidos.

O texto de lançamento distribuído para a imprensa informava sobre os detalhes de construção do veículo e seu forte apelo de estilo, dando ênfase às características inovadoras do modelo, como a adequação às normas de emissão de poluentes, a ampla área envidraçada, a melhor dirigibilidade, o menor diâmetro de curva (que permitia mais facilidade nas manobras) e o amplo espaço interno, além de destacar as quinze opções de cores disponíveis.

Internamente, o Maverick produzido no Canadá tinha como padrão o estofamento dos bancos em dois tons, mesclando tecido (nos assentos e nos encostos) com couro (sempre preto, nas laterais e nos contornos). O tecido podia ser marrom, vermelho, branco ou azul. Havia também a opção de tecido quadriculado, disponível em duas cores. Outro detalhe que chamava a atenção era o ar-condicionado, cujas saídas estavam incorporadas ao painel de instrumentos.

Esse Maverick era praticamente igual ao produzido nos Estados Unidos, mas a equipe da Ford Canadá foi mais criativa e lançou mão de um argumento muito utilizado nos dias atuais: apelou para a sensibilidade do público feminino, normalmente mais atento aos detalhes, sobretudo os relacionados ao conforto, informando que os instrumentos do painel do Maverick dispunham de todas as luzes indicativas necessárias para um uso tranquilo.

Folheto de divulgação no Canadá.

MÉXICO

No México, o Maverick foi produzido na fábrica de Cuautitlán entre 1971 e final de 1977. Contudo, há informações não oficiais de que alguns poucos modelos teriam saído da linha de montagem identificados como do ano de 1978.

Como já comentado, um dos modelos que serviram de base para o Maverick foi o Falcon, que no México era muito mais comum do que o Mustang. Assim, a Ford optou por batizar o novo veículo de Ford Falcon Maverick, nome que poderia agilizar as vendas por criar na mente do consumidor uma associação com outro carro de sucesso.

As versões oferecidas eram muito parecidas com as do original americano/canadense, e os primeiros modelos produzidos foram equipados com o já conhecido motor

Falcon Maverick.

A origem

Visão traseira do Falcon Maverick.

de 170 polegadas cúbicas e câmbio de quatro marchas no assoalho. Os para-choques, por sua vez, eram similares aos de caminhonete, diferentes dos do Maverick feito na matriz, que tinha os do tipo Mustang.

O revestimento interno (bancos e laterais) era de vinil, exceto nos carros produzidos no último ano, quando foi desenvolvido um de tecido.

As cores mais comuns da carroceria eram sólidas (vermelho, branco, preto, azul-claro, azul-escuro e alguns tons de verde) ou metálica, com a tonalidade prata como única opção. O motivo é que a fábrica não dispunha da mesma capacidade técnica da matriz e, com isso, algumas cores não podiam ser utilizadas em solo mexicano.

Mesmo com essa limitação na oferta de cores, o Maverick teve grande aceitação no mercado, principalmente por sua robustez e pela linha "fluida", uma alusão ao formato da carroceria cupê. Além disso, o motor V-8 302 rendia muito bem no altiplano.

As diferenças entre os modelos mexicanos e os americanos/canadenses estavam mais em detalhes de acabamento, como bancos e revestimentos internos, disponibilidade de opcionais, cores da carroceria e tipo de bateria, entre outros; no contexto geral, tratava-se do mesmo carro.

No último ano de fabricação, novidades foram incorporadas ao Maverick, como o revestimento dos bancos em três quartos (partes diferentes de acabamento, mesclando texturas e cores), além de alguns acessórios.

Não se pode dizer que o Maverick no México tenha causado a mesma euforia que nos Estados Unidos, no Canadá ou no Brasil, por dois motivos principais: os modelos eram mais simples e o mercado consumidor era mais limitado.

Mas, se por um lado o mercado era restrito para grandes resultados em vendas, a grande sensação do Maverick no México foi o desenvolvimento de uma versão especial e extremamente exclusiva, em parceria com o empreendedor Carroll Shelby, batizada de Shelby Maverick.

Isso mesmo: o mago das preparações em veículos Ford e criador do famoso Cobra pôs as mãos no Maverick exclusivo para o mercado mexicano. Embora esse acontecimento pareça estranho – afinal, não podemos dizer que o mercado mexicano de automóveis era um fenômeno mundial –, não é difícil entender seus motivos. Para começar, temos, de um lado, Eduardo Velásquez, um comerciante mexicano de peças e automóveis com muita habilidade comercial, e, de outro, Carroll Shelby, um americano com reconhecido e merecido renome em preparo de carros e motores especiais. Além disso, Shelby havia vendido o nome Cobra para a Ford e estava, por contrato, proibido de vender peças com essa marca no mercado americano. O contrato, no entanto, não o impedia de negociar com o México. A solicitação de Velásquez foi um alento para Shelby, que viu ali uma oportunidade de manter seu negócio e nome em evidência, além de ganhar outros mercados. O relacionamento comercial de ambos começou quando, em 1965, Velásquez encomendou-lhe uma versão especial para seu Mustang. Esse novo carro registrou vários recordes nas pistas mexicanas. A parceria era intensa, e diversos modelos Ford foram transformados no México com o uso de peças desenvolvidas em fibra de vidro por Shelby nos Estados Unidos. No total, a dupla produziu trezentos Shelby Mavericks, duzentos Mustangs GT 350 e 2.200 Galaxies Continental, todos exclusivos para os distribuidores Ford no México entre os anos de 1968 e 1972. Dá para imaginar a fila de colecionadores em busca de um remanescente nos dias atuais!

O nome oficial do Shelby Maverick era Maverick Mercury Comet GT Shelby de México. Produzido em parceria por Velásquez e Shelby, era, na verdade, montado na estrutura do Mercury Comet, o irmão mais luxuoso do Maverick. As principais diferenças estéticas em relação a este eram o aerofólio incorporado à tampa do porta-malas, os acabamentos laterais e as persianas externas no vidro traseiro, igual ao utilizado nos Mustangs. Na parte dianteira, o veículo exibia o avantajado spoiler e a entrada de ar centralizada (baseados no estilo da tomada de ar do Boss 429). Completando o conjunto frontal, um conta-giros se destacava no capô em uma carenagem especial e ficava à mostra para o motorista-piloto. As laterais apresentavam o mesmo grafismo utilizado na versão Grabber e a inclusão de um logotipo da Shelby na

A origem

ponta superior do para-lama dianteiro. Na mecânica, a base era o motor 302, e os preparos podiam render algo em torno de 350 cv e velocidade final próxima dos 270 km/h.

Em resumo, sem levar em conta o caso especial do Shelby Maverick, o Maverick foi um carro que marcou a empresa Ford México, dando-lhe prestígio por ser um produto robusto, durável, com bom desempenho, confiável e atraente. São esses os motivos pelos quais, ainda hoje, existem Mavericks em ótimas condições andando pelas estradas e cidades mexicanas.

Maverick Shelby.

CAPÍTULO 2

A CHEGADA AO BRASIL

DO INÍCIO AO FIM

Depois do sucesso alcançado nos Estados Unidos, no Canadá e no México, era natural que a Ford desejasse fixar ainda mais esse resultado em outros mercados. A vinda do Maverick para o Brasil foi planejada por Lee Iacocca, presidente mundial da empresa, e Joseph O'Neill, presidente da subsidiária brasileira, em reunião na sede da matriz em Dearborn (Michigan), após a Ford Brasil ter feito uma clínica de opinião com 1.300 potenciais consumidores para definir os futuros veículos da marca, tendo em vista que a aquisição da Willys havia deixado de herança, na linha de automóveis, apenas o antiquado Aero Willys Itamaraty e o projeto do Corcel. Além disso, a General Motors vinha apresentando um ótimo desempenho com a linha Opala, e era preciso reagir.

A clínica, organizada por Gilberto Lanhoso, gerente de Pesquisa da Ford Brasil, e realizada no final do primeiro semestre de 1971 no Clube Athletico Paulistano, em São Paulo, teve uma peculiaridade interessante: a cessão, por parte da General Motors, de dois automóveis Opala, um sedã e um cupê, este já com a nova frente que

seria lançada apenas em setembro daquele ano, devidamente coberta para não ser identificada. As pessoas convidadas para a clínica eram orientadas a imaginar o Opala com a frente conhecida e compará-lo com os demais veículos da pesquisa.

Dá para imaginar, nos dias atuais, uma fábrica emprestando um veículo inédito seu para que a empresa concorrente faça

Disposição dos veículos durante clínica de opinião no Clube Paulistano.

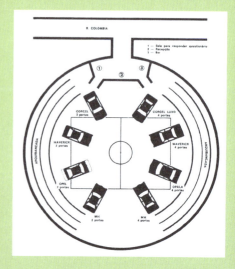

A chegada ao Brasil

uma clínica a fim de escolher o melhor modelo para buscar o consumidor comum a ambas? Bem, nos anos 1970 isso não só era possível como de fato aconteceu. Todos os carros foram levados secretamente para o interior do clube e dispostos em círculo, e a Ford identificou o Maverick como o preferido dos potenciais consumidores.

Contudo, esse resultado é fonte de dúvidas até hoje, nem tanto pela vitória do Maverick sobre o projeto MH (Taunus alemão), mas pela necessidade de realização da clínica, pois tudo indica que o Maverick já era uma escolha definida e que a pesquisa serviria, na realidade, apenas para ratificar a decisão.

Eis os fatos que dão respaldo a essa teoria:

a) Em meados de 1971, antes da realização da clínica, um Maverick americano azul-claro, quatro-portas, circulava livremente pelas áreas internas da fábrica da Ford em São Bernardo do Campo (SP). O veículo havia sido emprestado pela embaixada americana para que as equipes de engenharia pudessem compará-lo com o Opala. Ainda antes do mês de junho, dois outros Mavericks foram importados pela Ford Brasil para que os testes comparativos tivessem continuidade e o carro da embaixada fosse devolvido.

b) Segundo algumas fontes e matérias publicadas em diversos meios de comunicação da época, o preferido do público teria sido o Ford Maverick produzido nos Estados Unidos, mas a imprensa dizia que a preferência da matriz era pelo Ford Taunus, produzido na Alemanha e chamado internamente na empresa de projeto MH. Porém, o único motor disponível na linha Ford era o melhorado seis-cilindros oriundo da Willys, que, por motivos técnicos, não poderia ser utilizado no Taunus.

Portanto, é possível afirmar que a Ford Brasil estava pronta para trazer o Maverick para o país e que a realização da clínica serviu apenas para confirmar essa intenção. Folclore ou não, o fato é que o público definiu sua preferência e o Maverick foi confirmado como o novo Ford nacional, a ser lançado na linha 1973.

No início de fevereiro de 1972, chegaram ao país sete Mavericks importados direto da matriz pela Ford Brasil, para o início definitivo dos testes de adaptação às condições e ao clima brasileiros. Segundo contou o repórter Nehemias Vassão, na revista *Quatro Rodas*,

> chegaram a Santos no domingo, 15 de janeiro, a bordo do navio *Netuno*, e foram desembarcados no dia seguinte, para serem levados para o Centro de Pesquisas da Ford [...].

No lote vieram os modelos sedã, cupê (nas cores branca e amarela) e duas unidades do esportivo Grabber (vermelho). Três – um sedã, um cupê e um Grabber – tiveram um destino diferente dos demais, indo "de elevador para o quarto andar do Centro de Pesquisas, onde os estilistas da Ford trabalharão neles, aplicando em clay (argila) os estudos já feitos para a nova grade, lanternas traseiras e frisos laterais", conforme Vassão.

Em 27 de fevereiro, Lee Iacocca chegou ao país para a definição, junto com a diretoria da Ford Brasil, dos rumos da nova linha. No dia seguinte, estavam dispostos no pátio de Peças e Acessórios da empresa, no km 15 da Via Anchieta, dez carros de diversos fabricantes para serem avaliados e comparados com a nova linha Ford 1973, perfazendo um total de dezoito veículos. Os grupos foram montados, como mostra a foto, de baixo para cima, com os produtos Ford à direita e os concorrentes à esquerda:

1) Ford LTD e Dodge Dart Cupê
2) Ford Galaxie e Dodge Dart Sedã
3) Ford Maverick (duas unidades) e Chevrolet Opala (cupê e sedã)
4) Ford Corcel e Volkswagen TL (duas e quatro portas)
5) Ford Corcel GT e Karmann-Ghia
6) Ford Belina e Volkswagen Variant
7) Volkswagen 1300 e Puma conversível, isolados dos demais.

O motivo da presença no Brasil do todo-poderoso da Ford, Lee Iacocca, ia além da decisão sobre a futura existência ou não do Maverick. Envolvia a definição de uma nova linha de veículos, em três segmentos distintos (Corcel, Maverick e Galaxie), e com esse comparativo a empresa estava definindo uma política de investimentos a fim de melhorar as condições de competição no mercado.

Em 2 de março de 1972, Iacocca se reuniu em Brasília com o então presidente da República, general Emílio Garrastazu Médici, de quem obteve a permissão para a produção do Maverick no Brasil, além de anunciar um investimento de 150 milhões de dólares para a construção de uma fábrica de motores que, entre diversas opções, foi instalada na cidade de Taubaté, no interior paulista. Os investimentos incluíam também melhorias e ampliações na fábrica da Philco-Ford, que produzia televisores, rádios e aparelhos de ar-condicionado. Vale lembrar que os rádios originais do Maverick eram da marca Philco.

O ponto pendente da visita de Iacocca ao Brasil foi a não liberação imediata, por parte do governo brasileiro, da importação

Embaixo: foto aérea dos veículos dispostos para comparação. À direita: Lee Iacocca anuncia a produção do Maverick no Brasil ao presidente Garrastazu Médici.

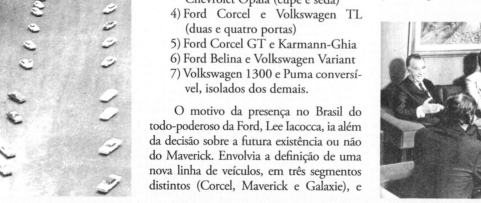

A chegada ao Brasil

de motores, o que poderia causar problemas ao lançamento do novo carro, uma vez que o único motor disponível era o melhorado motor de seis cilindros oriundo da linha Willys.

Assim, ainda em março de 1972, o presidente da Ford brasileira, Joseph O'Neill, teve permissão para anunciar que o Maverick seria o novo carro da empresa.

A apresentação oficial do primeiro modelo aconteceu em novembro, apenas oito meses após a aprovação em Brasília. Foram duas as fotos divulgadas pelo departamento de Imprensa da Ford. A pri-

A equipe de desenvolvimento.

meira mostrava a equipe do departamento de Estilo, que fez alterações no logotipo, nos emblemas, nas cores, no desenho de calotas, nos frisos, no painel, no porta-luvas, no comando interno para abertura do capô e no banco traseiro. Chefiada por Roberto Mauro de Araújo, a equipe contava com talentos como Luis Nemorino Mora (gerente de Estilo de Exterior), Ennio Barone (gerente de Estilo de Interior), Walter Britto (supervisor dos estilistas), Nelson Martorelli (responsável pelas cores, pelo estofamento e pela ornamentação), Marcos de Mello (responsável pela Engenharia de Estilo e Desenvolvimento de Superfície) e José de Araújo (chefe de Modelação).

A segunda foto, com certeza a mais marcante, mostrava grande parte da equipe de engenheiros responsáveis pelo desenvolvimento do Maverick brasileiro.

Da esquerda para a direita é possível identificar os seguintes personagens, que todo apreciador do Ford Maverick deve ter em mente em seus agradecimentos diários: Miguel Fermin Fábregues (Engenharia de Componentes – cargo executivo do setor de Sistemas Automobilísticos), Joseph Bichler (gerência administrativa de Especificações de Engenharia), Rui Minconi (gerência da Engenharia de Motores – laboratório de testes de peças, equipamentos e veículos tanto em dinamômetros quanto em rua/pista), Norbert Koschmann (ge-

rência administrativa de Especificações de Engenharia), Gianmaria Cominato (chefe de Desenhos), Aryldo Mazza (teste de desenvolvimento de veículos, com foco na engenharia de motores e transmissões), Sérgio Fairbanks (Engenharia Experimental – protótipos), Vicente de Paula Romano Filho (Engenharia de Eixos e Transmissões – chassi), Ronaldo Delai (Engenharia Executiva de Veículos com foco em Projetos) e o líder desses cérebros privilegiados, o engenheiro José Bento Hucke (chefe da Engenharia de Produtos). Ausentes da foto, mas com igual importância no processo do desenvolvimento do Maverick brasileiro, estavam Estevão Berger (Engenharia de Motores), Milton Ludwiger (gerência da Engenharia de Carrocerias) e Paulo Chuva (Engenharia de Sistemas Automobilísticos).

Com o trabalho árduo desse conjunto de profissionais altamente qualificados, o Maverick foi apresentado ao mercado. Sua primeira aparição oficial aconteceu durante o Salão do Automóvel de 1972, realizado no Parque de Exposições do Anhembi, em São Paulo, onde foram expostos dois modelos pré-série, já com as alterações realizadas pela equipe de engenheiros.

A foto a seguir mostra um momento "temático", com foco no Ford Maverick GT, o esportivo equipado com o motor 302 V-8. Para promover o veículo, havia

A chegada ao Brasil

um grupo de moças trajando um uniforme country, que evocava a origem do Maverick americano. A calça e a jaqueta eram as mesmas que apareciam na primeira foto, mas aqui o uniforme incluía chapéu de vaqueiro e blusa estampada. Infelizmente, não foi possível identificar as modelos.

Lançamento do Maverick GT.

Terminado o Salão do Automóvel, restava aguardar as avaliações da imprensa especializada e as vendas nas concessionárias.

Contudo, uma enorme movimentação ainda teria de ocorrer nesse período, principalmente no tocante ao motor anunciado, que era o "184" (3 litros e 112 hp). Esse motor já equipava a linha Willys Itamaraty, mas com melhoras significativas, e era um velho conhecido dos brasileiros, de fácil e barata manutenção e com histórico de grande durabilidade. A Ford anunciava também que os investimentos para a confecção de um novo motor, exclusivo para o Maverick, faria com que o preço final do veículo ficasse cerca de 30 por cento superior ao planejado, o que poderia comprometer de imediato seu lançamento. Mas o seis-cilindros, topo de linha na Willys, no Maverick seria o "carro de entrada", portanto sua potência teve de ser reduzida. Para tanto, a principal alteração realizada pela equipe de engenheiros foi a redução da taxa de compressão do motor para 7,7:1, o que gerou uma reação em cadeia: pistões, bronzinas, mancais, anéis, válvulas, sistema de lubrificação e arrefecimento, carburação (era dupla no Itamaraty e se tornou simples no Maverick), cabeçote, bomba de água, bomba de óleo, filtro de ar, distribuidor, radiador, ventilador e coletores de admissão e escapamento foram sensivelmente modificados. Mesmo assim, nem tudo havia sido resolvido a contento. A diferença de temperatura interna do bloco era sensível entre os cilindros, principalmente no último, mais próximo ao painel corta-fogo do carro. Segundo Rui Minconi, os últimos dois cilindros eram chamados de siameses, uma vez que ambos ocupavam um espaço comum no bloco e a circulação de água era única, o que causava a refrigeração deficiente. Dessa forma, esses dois últimos cilindros "unificados" costumavam quebrar em testes e não houve alternativa senão melhorar a refrigeração deles. A melhor solução seria fundir um novo bloco, o que acarretaria um aumento de custo não previsto. Contudo, a criatividade da engenharia brasileira encontrou a solução:

A chegada ao Brasil

foi instalada uma mangueira externa ao bloco, que fazia com que a água pudesse ser levada de forma mais eficiente ao local e, assim, evitar a fadiga da peça.

Mesmo com todas essas alterações, verdade seja dita, o motor ainda era o bom e velho Willys, e a imprensa fez questão de lembrar esse fato toda vez que o assunto Maverick vinha à tona, pois a data do lançamento do automóvel se aproximava.

Segundo Nelson Ott, em artigo publicado em 1990 no periódico *Tempos de V8*, do Clube do Ford V8 do Brasil, "para demonstrar que o motor havia sido melhorado, e muito, a Ford realizou uma coletiva de imprensa no dia 14 de maio de 1973, onde cerca de quarenta jornalistas especializados em automóveis puderam conhecer e testar, antecipadamente, quatro Fords Maverick com o motor de seis cilindros". Durante essa coletiva, a empresa chegou a salientar que, com tantas mudanças, era possível dizer que se tratava de um novo motor.

A seguir, estão transcritos alguns trechos publicados pelo *Jornal da Tarde* de 15 de maio de 1973, em matéria do jornalista Luiz Carlos Secco, um dos presentes à apresentação do Maverick à imprensa. Com o título "O primeiro passeio no Maverick – O repórter Luiz Carlos Secco dirigiu o Maverick na pista de testes da Ford em São Bernardo do Campo", a re-

portagem conta em detalhes os fatos ocorridos no dia anterior. Alguns desses fatos também foram relatados no artigo de Nelson Ott em *Tempos de V-8*.

O Ford Maverick é silencioso, macio, confortável, ágil. Isso vários jornalistas puderam sentir na manhã de ontem, na pista de testes da Ford, em São Bernardo do Campo, durante um rápido test drive promovido pelo Departamento de Engenharia da fábrica. [...]

O test drive promovido pela Ford, reunindo jornalistas de vários estados, não teve como objetivo mostrar o desempenho do Ford Maverick. A preocupação da empresa foi apresentar o motor de seis cilindros em linha, derivado do Itamaraty, com 3.016 cm³ de cilindrada, potência de 112 hp a 4.400 rotações por minuto. É o motor 184. [...]

O Departamento de Engenharia da Ford mostrou o motor 184 ao lado de um motor convencional do Itamaraty [...], para que as diferenças fossem percebidas de imediato. O grande número de modificações introduzidas no 184 exigiu 500.000 horas-homem de trabalho (com o envolvimento de aproximadamente 180 pessoas) e um investimento de 15 milhões de cruzeiros.

José Bento Hucke, diretor do departamento, explicou que o motor 184 é um desenvolvimento do motor utilizado no Itamaraty, mas que, com a evolução técnica atingida, deve ser considerado como um novo motor, em condições de equipar as versões Super e Super Luxo do Maverick. [...]

Para desenvolver este motor a Ford trabalhou durante dezoito meses, investindo 3 milhões de cruzeiros somente na parte de engenharia, e mais de 12 milhões de cruzeiros na parte de manufatura. [...].

Com esse motor, a Ford colocou dois carros Mavericks Super (denominação do modelo Standard) à disposição dos jornalistas [...]. A pequena pista de testes da Ford, usada simplesmente para testar carros que saem da linha de montagem, com duas curvas fechadas para a esquerda e inclinadas, serviu para mostrar que o Maverick é um automóvel extremamente agradável de ser dirigido. É macio, silencioso, confortável. Transmite segurança, sem qualquer tendência acentuada em curvas. [...]

O Maverick será lançado em três versões: Maverick Super (modelo Standard) e Maverick Super Luxo, ambos com duas e quatro portas, com motor de seis cilindros em linha; e o Maverick GT, com produção limitada, equipado com motor de oito cilindros em "V" (opcional e importado), potência de 195 hp, 4.950 cm³ de cilindrada (atualmente em testes na fábrica e em pistas de corrida – no carro Avallone da equipe Dropgal Ford).

Fábrica da Ford em Rudge Ramos, São Bernardo do Campo.

A chegada ao Brasil

Vale lembrar que o texto que contém esses trechos foi escrito no dia seguinte à primeira apresentação do Maverick à imprensa, anterior ainda a seu lançamento.

Os veículos a que os jornalistas tiveram acesso já eram de pré-produção (pré-série) e estavam devidamente prontos para o lançamento. As principais diferenças do modelo brasileiro em relação ao americano eram:

Lanternas – Na dianteira, saíram da grade e foram deslocadas para os cantos da saia inferior. Na traseira, um largo friso unia as lanternas no modelo Super Luxo.

Logotipos – Ganharam nova disposição, sendo instalados na parte inferior dos para-lamas dianteiros, e não exibiam os chifres de boi estilizados sobre a letra V.

Painel – Eliminou-se uma prateleira e foi criado um porta-luvas com tampa e fechadura. No modelo Super Luxo, a palavra "Maverick" aparecia cromada, em alto-relevo, presa à tampa. O modelo GT trazia outro logotipo, característico do modelo. Outra mudança foi a adoção do sistema de circuito impresso em mylar, que eliminou muitos fios nos instrumentos.

Rádio – Como a prateleira deixou de existir, o rádio foi deslocado para o centro do painel.

Espelho retrovisor – Antes colado ao para-brisa, foi fixado no teto.

Faixas decorativas – O modelo GT recebeu faixas externas exclusivas, desenvolvidas no Brasil pelo desenhista da Ford Paulo Roberto Sá dos Santos, que se inspirou no Mustang Boss 302.

Apesar de tudo isso, o carro ainda não estava pronto. Fora aprovado pela Engenharia, e agora era preciso preparar a produção. A fábrica herdada da Willys-Overland do Brasil, em São Bernardo do Campo, produzia a linha de utilitários (Jeep, Rural e F-75) e o pequeno Corcel. Este continuou a ser produzido ali, enquanto a linha de utilitários foi transferida para a fábrica situada no bairro paulistano do Ipiranga, bem mais moderna e ampla.

A fim de preparar a linha de produção em São Bernardo do Campo, diversas mudanças tiveram de ser feitas, a um custo de 240 milhões de cruzeiros (cerca de 40 milhões de dólares), investidos principalmente na parte de estamparia, com a construção de uma vala de 8 m de profundidade, para que as prensas da fabricação da carroceria pudessem ser instaladas. Para se ter uma noção das dimensões da vala, Nelson Ott explicou que "ali caberiam cerca de setenta automóveis do tamanho do Corcel. O pessoal da Ford apelidou a obra de minimetrô, devido à técnica aplicada em sua construção ser similar às obras do sistema de transporte por trens subterrâneos – o metrô".

Uma vez concluídas as instalações, os Mavericks pré-série começaram a ser montados e os três primeiros foram direto para as mãos da equipe de Engenharia Experimental, que os usou exaustivamente por 20.000 km em 25 dias, a fim de detectar ruídos e vibrações e atestar sua durabilidade. Superada essa fase, foi dado o sinal verde para a produção.

Finalmente, em 4 de junho de 1973, o Maverick estava pronto para ser lançado no Brasil, após, segundo Nelson Ott, "mais de 1 milhão de km rodados em testes, 60 por cento dos quais em estradas secundárias e caminhos de terra do interior. Além disso, o sistema de freios e a embreagem foram exaustivamente testados em trechos urbanos dentro da cidade de São Paulo".

Um grande evento no Rio de Janeiro estava programado para dali a dezesseis dias; chegara o momento de tornar o carro conhecido pelo público, e a criação do conteúdo publicitário para seu lançamento ficou a cargo da agência J. Walter Thompson Publi-

O Ford Maverick pronto para o lançamento.

A chegada ao Brasil

cidade. As imagens, tanto para material impresso quanto televisivo, foram obtidas em locais bastante distintos, como as praias de Cabo Frio (RJ) e o altiplano boliviano, a 4.200 m de altitude. Foram feitas mais de 3.500 fotos, com a seleção de uma quantidade entre trinta e quarenta apenas, e utilizados cerca de 4.200 m de filme para montar um comercial de somente sessenta segundos. Além disso, a agência preparou todo o material para ser veiculado em rádios e jornais.

Os comerciais de televisão eram unânimes em destacar o aspecto familiar, a economia e as linhas modernas do novo carro, além, é claro, de enfatizar a performance do modelo esportivo, o GT. Um deles mostrava imagens gravadas no Autódromo de Interlagos, em São Paulo, com o campeão mundial de Fórmula 1 no ano anterior, Emerson Fittipaldi, que chegou de helicóptero e foi direto sentar-se atrás do volante do Maverick. O piloto levou-o aos limites na pista enquanto descrevia cada parte do circuito, tendo ao fundo o barulho do motor V-8 em alta rotação e a briga travada entre os pneus e o asfalto de Interlagos. O comercial era bem mais curto, com imagens previamente selecionadas, é claro, e a locução repetia à exaustão a correta pronúncia do nome do carro: Maverick (pronuncia-se Máverick e não Maveriquê, e tampouco Maveríque). Em um dos outros comerciais para firmar a imagem do esportivo no mercado (seria mesmo necessário?), a locução anunciava a velocidade crescente, até chegar aos 190 km/h. Consta que na gravação em Interlagos Emerson teria atingido 195 km/h com o carro de pré-série, pronto para entrar no mercado. Ao final, ele realizava uma sequência de derrapagens forçadas, um cavalo de pau com saída imediata, sem deixar o carro parar, espalhando muita fumaça no ar, além de derrapagens em marcha à ré.

É interessante observar que Emerson não poupou o Maverick durante a realização do comercial. No início da gravação, o carro estava equipado com pneus faixa branca e rodas de cor bege, além de uma pequena calota central. Na sequência de imagens, percebe-se que ele dirige o mesmo carro, mas agora equipado com rodas pintadas de preto, sem calotas, e pneus comuns, sem a referida faixa branca. A Ford deve ter levado alguns jogos de rodas e pneus sobressalentes, mas não observou a diferença entre eles quando as filmagens foram feitas.

Por fim, como atração complementar às estratégias do lançamento, a empresa decidiu sortear o primeiro Maverick fabricado no Brasil. Não seria interessante encontrar esse carro?

Embora o filme publicitário oficial tenha sido gravado no Autódromo de Interlagos, na capital paulista, o lançamento oficial do carro ocorreu no Rio de Janeiro, em 20 de junho de 1973. Nesse evento com três dias de duração, convidados e imprensa puderam usar à vontade os modelos postos à disposição no Autódromo de Jacarepaguá, o que foi uma novidade, pois até então nenhuma fabricante tinha apresentado um veículo novo ao público fora de São Paulo. O lançamento começou com uma coletiva de imprensa no Hotel Nacional, com a presença de toda a diretoria envolvida no desenvolvimento do carro. Em seguida, a Ford levou ao autódromo 140 jornalistas e nove Mavericks (seis com o motor de seis cilindros e três com o V-8), para que pudessem fazer um test drive pelo anel externo da pista. Foi realizada também a 1ª Copa Maverick, com a participação de quarenta jornalistas em uma prova de *slalom*. Um churrasco de confraternização no próprio autódromo e um jantar no restaurante Canecão encerraram o evento.

Pronto! O Ford Maverick estava oficialmente no mercado, e uma das primeiras matérias jornalísticas sobre o novo carro foi escrita em julho de 1973, na revista *Quatro Rodas*, por Expedito Marazzi. O jornalista fez um comparativo entre dois cupês, o Super seis-cilindros e o GT V-8, e todos os aspectos dos veículos foram avaliados, incluindo linhas externas, espaço interno, bancos dianteiros e traseiros, posição ao dirigir, conforto, consumo de combustível, desempenho, estabilidade, freios – enfim, uma verdadeira radiografia. Em resumo, Marazzi concluiu que

> o Maverick não disfarça sua origem americana, ressaltada nas linhas rebuscadas da carroceria, onde um amplo capô cobre o motor dianteiro. A traseira é curta e tem um rebordo imitando carros de competição: o novo carro da Ford é um cupê fastback, de traseira truncada.

Vale lembrar que o veículo, na versão GT, era equipado com o motor importado, e que como opcionais o Maverick trazia, em 1973, freios a disco nas rodas dianteiras, transmissão de quatro marchas no assoalho e motor V-8 (exclusivo da versão GT). Apesar de anunciados, tais opcionais só se tornaram de linha no ano seguinte.

Os Mavericks eram dotados de câmbio manual de três marchas ou com o opcional câmbio automático de três velocida-

Fábrica de motores de Taubaté, São Paulo.

A chegada ao Brasil

des, ambos com acionamento por meio de alavanca na coluna de direção; em 1974, o câmbio passou a ser manual de quatro marchas, ainda com acionamento na coluna, mantendo-se o automático como opcional. Esse tipo de acionamento apresentava um dado curioso: para engatar a ré, era preciso apertar um botão na ponta da alavanca com o polegar e deslocá-la para a mesma posição da primeira marcha. Em ambos os casos, a chave só poderia ser retirada do contato se a alavanca do câmbio estivesse em qualquer posição para cima, podendo ser primeira, terceira ou marcha à ré. O câmbio com acionamento por meio de alavanca no assoalho só surgiu no final de 1974, como opcional e preparando o consumidor para o novo motor de quatro cilindros, que possuía esse tipo de funcionamento, lançado em 1975. Obviamente, a introdução do sistema de câmbio no assoalho fez com que os bancos dianteiros individuais fossem incorporados à linha, e não mais oferecidos como opcionais.

As vendas do carro foram muito bem até a intensificação da crise do petróleo, uma alta no preço do combustível que afetou muitos países importadores, como o Brasil era à época. Além disso, as revistas e os jornais especializados começaram a realizar testes mais detalhados com o Ford Maverick, e seus defeitos passaram a ficar aparentes.

O primeiro a ser notado foi a falta de espaço no banco traseiro da versão cupê, que forçava os passageiros com estatura superior a 1,80 m a ficar com a cabeça curvada para a frente, pois do contrário ela bateria no teto. Além disso, a largura interna dos bancos deixava clara a vocação do Maverick para ser o carro ideal para quatro pessoas, ou, como é chamado, um legítimo 2+2. Na versão sedã, esses problemas não existiam, já que o teto mais alto na parte traseira e o banco inteiriço na frente ofereciam conforto para seis adultos. Mas na época a preferência do brasileiro era pelo cupê. Outro defeito detectado foi a falta de visibilidade em manobras de ré, pelo fato de a coluna traseira ser muito larga.

Na lista de problemas enumerados pela imprensa especializada na época do lançamento, estava o mais sério de todos: o motor. Os números obtidos pelos testes das revistas *Quatro Rodas* e *Autoesporte* indicavam um consenso: o motor de seis cilindros era de uso muito agradável, mas era fraco e consumia muito combustível. O GT V-8 apresentava números bem melhores que o seis-cilindros, o que deixava os jornalistas em uma posição favorável para perguntar: se o seis-cilindros andava menos e consumia combustível na mesma proporção que o V-8, por que comprá-lo?

De certa forma, a Ford já previa isso. Tanto que as obras da nova fábrica de motores na cidade de Taubaté estavam em andamento, mas com o cronograma atrasado, e por essa razão o motor de quatro cilindros 2,3 OHC só foi lançado em 1975, quando as vendas do Maverick já haviam caído muito.

No ano seguinte, 1976, o Ford Maverick não apresentou nada de novo além da substituição de algumas cores.

A grande mudança veio em 1977, com uma revitalização estética significativa do modelo, a partir do lançamento da fase II do Maverick, em 15 de novembro de 1976. Diversos itens externos, como grade, calotas, frisos e lanternas traseiras, passaram por modificações. Na parte mecânica, os freios se tornaram de duplo circuito e a suspensão dianteira foi melhorada. Outra novidade foi a alavanca do câmbio automático (conhecido pela sigla C-4) com acionamento no assoalho, instalada no console central, com três marchas à frente mais ré, que até então era oferecida, como opcional, somente na versão topo, a LDO. Internamente, a versão Super Luxo foi aos poucos sendo substituída pela LDO, com acabamento bem mais refinado nas laterais de portas, teto, carpete e tecidos dos bancos, com opção monocromática (parte interna toda da mesma cor, inclusive painel e volante). Para não dizer que o painel foi esquecido, a Ford fez uma sutil (e desnecessária) mudança nos botões dos

O desejado
Maverick GT 302 V-8.

A chegada ao Brasil

comandos do farol e dos limpadores do para-brisa, que deixaram de ser circulares e passaram a ter o formato de chaves retangulares horizontais, com uma luz-espia indicando seu acionamento.

Mas, com os reflexos da crise mundial do petróleo na queda das vendas, as mudanças na linha 1977 trouxeram poucos resultados. A própria Ford sabia que não conseguiria manter o veículo ativo. Afinal, o Corcel II já havia sido lançado, e o mercado consumidor estava começando a migrar do Maverick para o novo carro.

Em novembro de 1977, o repórter da *Quatro Rodas* Nehemias Vassão apresentou uma bem detalhada reportagem sobre dois protótipos identificados apenas com letras, o TT e o YY. Eram modelos "quadrados", sem as linhas curvas do Maverick. Analisando os fatos retrospectivamente, pode-se dizer que ali nascia não o substituto do Maverick, e sim o carro que viria a substituir o próprio Corcel II, que foi o Del Rey. Contudo, a verdade é que o veículo que terminou com a vida, já fraca, do Maverick foi o Corcel II, que reunia as mesmas características de apelo mercadológico que ele possuía na época de seu lançamento, mas com a vantagem de ser mais econômico e, sobretudo, um projeto totalmente novo. Com o motor 1.4, o Corcel II não foi muito bem em vendas, mas, com a chegada do propulsor 1.6, elas deslancharam rapidamente.

CAPÍTULO 3

A EVOLUÇÃO DOS MODELOS

AS VÁRIAS VERSÕES

Dimensões comparativas entre os Mavericks de modelos sedã e cupê.

O Maverick foi fabricado nas versões com carroceria cupê (duas portas) e sedã (quatro portas), com os acabamentos Super (Standard), Super Luxo (1973 a 1976), LDO (1977 a 1979) e GT (esportivo, exclusivamente com carroceria cupê).

Inicialmente, o motor utilizado era o 184 de seis cilindros, mas tendo como opção o V-8 (302); a versão GT só era produzida com o motor V-8. Em 1975 surgiu o motor de quatro cilindros (em substituição ao de seis cilindros), que foi utilizado também no modelo com acabamento esportivo, chamado de GT4.

A diferença principal entre os dois modelos – cupê e sedã – estava no tamanho da carroceria. Ao contrário do que se pode pensar, não se tratava do mesmo carro com carrocerias diferentes, mas de dois modelos distintos, com medidas diferentes: o Maverick quatro-portas era 18 cm mais comprido e apresentava um entre-eixos 15 cm mais longo, o que resultava em mais conforto para os passageiros do banco traseiro, devido ao teto mais longo e alto.

CUPÊ

Verdade seja dita, chamá-lo de fastback talvez seja até exagero, mas não foge totalmente à sua proposta de carroceria, com uma linha de pensamento inicial em aerodinâmica, embora, na época, talvez esse conceito nem fosse muito importante.

A evolução dos modelos

O Maverick cupê era, na teoria, um veículo para cinco pessoas, mas na prática comportava bem quatro passageiros adultos. Os bancos dianteiros ofereciam amplo espaço para pernas e braços e uma posição agradável para se sentar e apreciar a paisagem. No banco traseiro, a situação era um pouco diferente. Em virtude de a carroceria ter queda acentuada logo a partir do meio da capota, perdia-se em altura. Se não quisessem que a cabeça batesse no teto, os passageiros com estatura superior a 1,80 m precisavam inclinar o corpo para a frente, os joelhos tocando o encosto do banco dianteiro. Qualquer que fosse a decisão, o conforto estava comprometido.

Outro ponto digno de nota era o acesso ao banco traseiro, feito pela enorme porta e rebatendo-se o encosto do banco do motorista. Mas, uma vez acomodado no banco traseiro, cujo espaço era restrito, o passageiro precisava fazer alguns movimentos corporais complexos para conseguir sair. Como item de conforto, uma pequena janela basculante lateral facilitava a ventilação.

O estilo de fastback, aliado ao longo capô e linhas similares, valeram ao Maverick cupê o apelido de Mustang brasileiro. Mais do que um simples apelido, havia um fundo de verdade nisso, pois muitas peças de ambos eram intercambiáveis.

O veículo foi lançado com o motor de seis cilindros nas versões Super e Super Luxo, e com o V-8 na versão GT, esportiva. Em 1975, recebeu o motor de quatro cilindros. Os opcionais eram os mesmos dos demais modelos.

Tecnicamente era um carro perfeito, com medidas internas e externas adequadas à época, e com capacidade do porta-malas de 417 litros (*Quatro Rodas*, nº 211, fev. 1978). Seu ponto fraco era mesmo a visibilidade lateral: por causa da linha aerodinâmica, o vidro traseiro apresentava grande inclinação, e o motorista perdia 14 por cento do campo visual em virtude da largura das colunas dianteiras e traseiras. O teste havia sido feito avaliando-se uma visibilidade em 360° a partir da posição do motorista; portanto, o condutor do Maverick não conseguia enxergar nada em um ângulo de 52° (*Quatro Rodas*, nº 203, jun. 1977).

Apesar disso, o Maverick cupê foi o modelo mais produzido de toda a linha, respondendo por 96.227 veículos, o equivalente a 89 por cento da produção total, que somou 108.106 veículos. Vale ressaltar que os Mavericks cupê com acabamento GT foram apenas 10.573 (9,78 por cento), e os Super e Super Luxo, 85.654 (79,23 por cento). Esses números explicam por que nos dias atuais quase só se encontram Mavericks cupê em circulação.

SEDÃ

O Maverick sedã era um veículo para cinco ou seis pessoas adultas, conforme a disposição dos bancos dianteiros, que podiam ser individuais ou inteiriços. Oferecia grande conforto e espaço para as pernas, e os passageiros altos não corriam o risco de ficar com a cabeça encostada no teto, como ocorria no Maverick cupê.

Foi produzido nas versões Super e Super Luxo, com motores de seis e de oito cilindros até 1975 e, depois, com o V-8 e o de quatro cilindros. Nunca existiu uma versão GT, pois não há como imaginar um veículo com apelo esportivo em uma carroceria de quatro portas, ao menos para os padrões brasileiros.

O modelo teve pouca aceitação no mercado em geral, mas conquistou um mercado específico, focado em executivos e famílias, pois era um carro com aspecto imponente, excelente espaço interno e boa capacidade no porta-malas.

As portas traseiras possuíam molas que permitiam uma abertura em dois estágios: a porta parava no primeiro estágio da mola e era preciso empurrá-la um pouco mais para que abrisse por completo. Não raro, os passageiros se apertavam para conseguir entrar e sair do banco traseiro simplesmente porque desconheciam esse detalhe.

Graças ao entre-eixos 17 cm mais longo que o do Maverick cupê, tinha mais espaço interno e oferecia maior conforto. E, sob o ponto de vista da dirigibilidade, era mais estável que o duas-portas. Aos motoristas pouco acostumados com uma carroceria no estilo sedã, entrar em uma curva em alta velocidade é uma ação que assusta em um primeiro instante, pois o monobloco "deita", dando a impressão de que o carro vai desgarrar. Mas o que acontece é justamente o contrário: esse movimento de rolagem da carroceria mantém o conjunto em ângulo com a curva, e o carro a completa inclinado, mas firme, em direção ao final da curva, em total segurança.

Não foi um carro de grande sucesso de público, que na época preferia os cupês aos sedãs. E, para um veículo cujo objetivo era concorrer diretamente com o Opala, teve uma produção muito limitada (aproximadamente 11 por cento do total) para o mercado familiar e executivo.

Maverick sedã: quatro portas e mais espaço atrás.

A evolução dos modelos

SEIS CILINDROS

O pioneiro dos Mavericks era equipado com o motor de seis cilindros, maldosamente chamado de "Aerovick" por herdar parte da mecânica do extinto Aero Willys, que passou por todas as modificações técnicas já comentadas.

No mercado, o motor de seis cilindros não fez a alegria dos consumidores, por ser considerado fraco e de alto consumo. Na prática, para uso urbano não é um motor de arranque forte, mas é um motor de longa duração e de conforto incrível, principalmente em estrada. Trabalha em baixas rotações e é muito silencioso. Em marcha lenta nem se percebe sua vibração.

Com velocidade máxima de cerca de 150 km/h e consumo médio sempre na faixa dos 6,5 km com 1 litro de gasolina, alcançava os 100 km/h partindo da imobilidade em aproximadamente vinte segundos, uma eternidade para os dias atuais – mesmo para a época, não era um resultado dos mais emocionantes. Mas a durabilidade era o ponto forte desse motor, que tranquilamente podia rodar 300.000 km antes de passar por uma manutenção mais séria.

Motor de seis cilindros.

OITO CILINDROS

O Maverick com o motor de oito cilindros foi o de maior sucesso. Virou mania e objeto de desejo de forma imediata!

O formato do motor era em V, com o bloco fundido nesta configuração, daí o nome de V-8. Aliás, apelidos não lhe faltavam. Um deles, "canadense", fazia alusão ao país onde a Ford mantinha uma fábrica de motores, na cidade de Windsor, que, segundo Ricardo Muneratto, gerente de Engenharia Avançada da Ford,

apesar de se localizar no Canadá, fica muito próxima de Detroit. Era uma *powerplant*, ou seja, uma fábrica que só produzia motores, inclusive o já famoso e aclamado V-8 302.

Depois de fundido, o bloco ia para os Estados Unidos, para ser montado com todos os componentes internos. Esse motor também era enviado para a fábrica do México, onde foi utilizado no Maverick, e para o Brasil, onde além do Maverick foi usado, anos depois, no Landau. Muneratto lembra que nos motores que chegavam montados ao Brasil faltavam "acessórios", como motor de partida, alternador, tubos e mangueiras diversas, filtro de ar, de óleo e velas, que eram instalados nas fábricas do Ipiranga, em São Paulo, e de São Bernardo do Campo. Desse modo, o motor ganhava uma certa dose de "nacionalização".

Segundo Nelson Ott, também existiu a versão movida a álcool do 302, no início dos anos 1980, este sim totalmente desenvolvido com tecnologia nacional e somente disponível na versão luxuosa da linha Galaxie, o Landau. O motor era desmontado na fábrica do Ipiranga, onde eram trocados os pistões e as juntas do cabeçote, e montado novamente. Era a contribuição da Ford ao Programa Nacional do Álcool (Proálcool), desenvolvido e incentivado pelo governo federal e que encontrou apoio amplo nas fabricantes e no público.

A fábrica do México também chegou a fundir alguns blocos, raríssimos atualmente, devido à baixa produção. Os especialistas em preparação de motores para competições dizem que o bloco mexicano era mais robusto, por ter sido fundido com paredes mais grossas que as do canadense. De qualquer forma, canadenses, americanos (onde eram montados) ou mexicanos, os motores V-8 302 não eram nacionais, e nunca se saberá por qual motivo os brasileiros resolveram apelidá-lo com o nome do país de origem do bloco.

Outro apelido, 302 (três-zero-dois), referia-se à cilindrada em polegadas cúbicas. O público em geral nem fazia ideia do que se tratava, mas era sinal de conhecimento dizer que seu Maverick estava equipado com o motor 302.

O motor 302 deslocava 4.942 cm^3, ou seja, era um legítimo motor 5.0. Hoje em dia são muito habituais os motores 1.0, en-

A evolução dos modelos

tão pode-se dizer que o motor V-8 do Maverick equivaleria a cinco motores de carros populares atuais juntos. Claro que se trata de uma divertida brincadeira com números, afinal os motores 1.0 conseguem atingir velocidade final bem alta e a tecnologia neles utilizada é muito diferente, embora não se possa questionar o fraco desempenho em torque e arrancadas.

Tratava-se de um motor já bem conhecido na Ford, pois seu projeto, conhecido como small block (bloco pequeno), data de 1962, tendo sido desenvolvido exclusivamente para equipar o Fairlane, um veículo de conceito compacto. Nelson Ott lembra que esse motor era, inicialmente, o 221 (3.619 cm^3), que foi substituído pelo 260 (4.266 cm^3) naquele mesmo ano, e que depois de melhorado se transformou no 289 (4.738 cm^3) em 1963 e, por fim, no 302 em 1968, o mais moderno de todos. Vale lembrar que esta "família" de motores possuía um bloco mais leve e equipava toda a linha de compactos da Ford, entre eles o próprio Fairlane, além do Falcon, do Mustang e do Maverick.

No Brasil, até então o consumidor só conhecia os big blocks (bloco grande) V-8, que equipavam a linha de caminhonetes (a famosa série F de veículos pesados) e, principalmente, a linha Galaxie, LTD e Landau, cujos motores eram conhecidos pelas siglas numéricas de 272 e 292, suas cilindradas em polegadas cúbicas, respectivamente, 4.451 cm^3 e 4.778 cm^3.

É importante detalhar que os motores big blocks surgiram com a sigla Y-8, em 1954, com o modelo 239 (3.910 cm^3), tendo sido substituídos no ano seguinte pelo 272 (na linha Ford) e pelo 292 (no Thunderbird). Em 1956, lembra Nelson Ott, foi lançado o 312 (5.114 cm^3), unificando os motores oferecidos nas linhas de produtos Ford e Thunderbird. Os motores Y-8 foram substituídos pela linha nova, conhecida pela sigla FE (e que possuía a mesma arquitetura dos anteriores), em 1958, começando com o 332 (5.441 cm^3) e o 352 (5.766 cm^3), depois o 390 (6.386 cm^3) em 1960, o 406 (6.640 cm^3) em 1962 e, finalmente, o 427 (6.965 cm^3) em 1963.

Portanto, ao contrário do que muitos acreditam, os 302 constituíam uma outra linha de motores V-8 e, conforme cita Ott, "a arquitetura do motor [era] diferente, como

Motor de oito cilindros.

o conceito do bloco, trem de válvulas etc.". O que ajudou a criar a confusão é que a linha Landau, em seus últimos anos de produção, foi equipada com o 302, daí a interpretação de que se tratava de motores em sequência evolutiva.

O Maverick, no entanto, só conheceu o V-8 302 e obtinha uma excelente performance, com números expressivos: alcançava velocidade máxima acima de 190 km/h, atingia os 100 km/h partindo da imobilidade em aproximadamente onze segundos e conseguia rodar em média 6 km com 1 litro de gasolina.

Esse motor também foi amplamente utilizado num lendário ícone mundial, o Ford Mustang.

QUATRO CILINDROS

A produção do quatro-cilindros teve início em 2 de julho de 1974, quando a nova fábrica de motores da Ford do Brasil, localizada na cidade de Taubaté, foi oficialmente inaugurada. O motor de quatro cilindros OHC (Overhead Camshaft) seria destinado à exportação e trazia uma tecnologia recente, o sistema com comando de válvulas no cabeçote, produzido nos Estados Unidos desde 1970, para equipar a linha de produtos europeus (Cortina, Consul, Capri, Granada e Escort) e o americano Ford Pinto.

Tinha 2.270 cm^3 de cilindrada e potência máxima de 102 cv, com taxa de compressão de 8,4:1. Como os motores acima de 100 cv estavam sujeitos a taxas tributárias mais elevadas, a Ford optou por divulgar a potência de 99 cv (SAE bruta), para situá-lo em uma faixa de tributos inferior.

Em outubro de 1974, uma equipe de jornalistas da *Quatro Rodas* (nº 171) flagrou um Maverick Super sedã azul, equipado com esse motor, circulando em testes pelas ruas e estradas empoeiradas

Motor de quatro cilindros.

A evolução dos modelos

da cidade de Atibaia, a aproximadamente 80 km de São Paulo. Fotos feitas, texto escrito e publicado, o quatro-cilindros já não era mais segredo. Independentemente da sua utilização no Maverick nacional, a intenção da Ford era de exportar 250.000 unidades por ano, conforme meta do Programa Geórgia II, acertado anos antes com o governo federal.

Na verdade, esse motor teve vida bem mais longa que o Maverick e supriu os mercados europeu, americano e brasileiro até recentemente, pois a mesma base dele era utilizada na montagem da Ford Ranger 2.3, em 2004. Vale lembrar que ele equipou também o Mustang II, nos anos 1980.

Tecnicamente, tratava-se de um motor bem avançado, já que eliminava e facilitava uma série de funções – caso, por exemplo, da correia dentada que acionava o comando de válvulas, que, por ter sido produzida com material sintético, dispensava cuidados de manutenção, exceto as trocas recomendadas. O bloco do motor era fundido em ferro e tinha os canais de admissão e de escape em lados separados, sendo conhecido como cross-flow, cabeçote de fluxo cruzado.

Em virtude da potência reduzida, aliada às melhorias tecnológicas disponíveis, o peso do novo motor foi aliviado para garantir uma performance aceitável. A Ford preferiu não correr riscos e trabalhou também no peso do carro, em busca de uma diminuição do peso total. O próprio bloco tinha em seu corpo saliências que permitiam a instalação direta de acessórios como bomba de direção hidráulica e compressor de ar-condicionado, o que eliminou a necessidade de colocação de peças extras para fixação e reduziu o peso do conjunto.

O lançamento oficial do novo motor de quatro cilindros aconteceu em 15 de junho de 1975, aposentando de vez o motor de seis cilindros herdado da Willys.

Os números obtidos em testes publicados em diversas edições da *Quatro Rodas* indicaram os resultados esperados. O Maverick Super sedã precisou de 18,35 segundos para alcançar os 100 km/h partindo da imobilidade, consumiu 1 litro de gasolina a cada 10,45 km e atingiu 153 km/h de velocidade máxima. Já o teste com o Maverick cupê, versão LDO, mostrou os seguintes resultados: partindo da imobilidade o carro alcançou os 100 km/h em 17,82 segundos, consumiu 1 litro de gasolina a cada 9,34 km e conseguiu atingir a velocidade máxima de 163 km/h. O Maverick cupê, versão GT4, por sua vez, levou 17,20 segundos para alcançar os 100 km/h partindo da imobilidade, fez 8,97 km com 1 litro de gasolina e atingiu a velocidade máxima de 160 km/h. Isso mesmo: o GT4, esportivo, era mais rápido que o modelo sedã, mais pesado, mas andava menos que a versão comum. Talvez isso tenha ocorrido porque a versão

Promoção da enciclopédia do automóvel.

GT4 era equipada com pneus mais largos, que ofereciam mais atrito.

De qualquer forma, um fato não mudaria a história: tratava-se de um motor muito macio, agradável de ser usado no cotidiano e econômico, embora fraco para puxar um carro do porte do Maverick. Os números obtidos foram considerados bons para um motor de quatro cilindros em plena crise de petróleo, nos anos 1970.

Um acontecimento importante assinalou a carreira desse motor: em 13 de agosto de 1975, a Ford do Brasil comemorou o registro da produção de 1,5 milhão de veículos, e o carro escolhido para receber essa marca foi justamente um Maverick com motor de quatro cilindros.

Outro ponto digno de nota foi a forte campanha publicitária montada pela Ford para o lançamento do motor, que incluiu

provas realizadas em pistas de corridas só com Mavericks quatro-cilindros, o sorteio de um carro para o público em geral e muitos comerciais em rádio e televisão, enfocando a economia e o conforto do modelo.

SUPER

Este era o modelo de entrada (Standard) para o consumidor do Maverick, oferecido nas versões cupê e sedã, com os três motores disponíveis.

O carro era básico, sem frisos cromados – apresentava apenas o do capô, idêntico em todos os modelos –, console interno, ar-condicionado ou qualquer outro tipo de acabamento especial, embora esses itens pudessem ser adquiridos como opcionais. O

logotipo fixado à lateral do para-lama dianteiro, com a palavra "Maverick", identificava o modelo. Os bancos, de encosto baixo, eram revestidos de courvin preto, material que imitava o couro, mais simples e com textura mais fina, de pouca durabilidade, rasgando-se facilmente com o uso cotidiano.

Em 1975, com o lançamento do motor de quatro cilindros, a versão Super recebeu um par de finos filetes laterais e

Maverick Super sedã.

paralelos pintados na altura da linha do para-lama dianteiro, acompanhando as curvas da linha da carroceria até a ponteira do porta-malas.

Além disso, o console e o rádio AM passaram a ser oferecidos como opcionais, embora quase todos os Mavericks Super com motor de quatro cilindros já viessem com esses acessórios. Vale lembrar também que, independentemente da versão, em todos os Mavericks que possuíam rádio, o aparelho era AM. No final da produção, alguns modelos LDO e GT podiam ter como opcional um rádio com toca-fitas.

O volante era de dois raios, e em seu centro havia uma borracha, que ficou conhecida como "copinho", por meio da qual se acionava a buzina.

As calotas, de aço escovado, cobriam apenas os parafusos, deixando a parte externa da roda de aço à vista. Eram idênticas às do modelo americano, mas, no lugar da inscrição "Ford Motor Company", traziam três vezes a palavra "Ford" em baixo-relevo, com letras pintadas de preto.

Detalhes do acabamento da versão Super: rádio Philco-Ford, volante de dois raios e calota.

A evolução dos modelos 51

Além disso, possuíam um corte em sua borda, da mesma cor que a carroceria.

A grade dianteira, do tipo peça única, não sofreu alterações durante o período de produção do modelo. Seu formato era levemente anguloso para acompanhar o desenho do capô, com retângulos horizontais, tendo ao centro o logotipo com a palavra "Ford" em fundo preto.

Por serem os mais baratos da linha, os modelos Super eram alterados logo que saíam da concessionária, ganhando, no mínimo, rodas esportivas e pneus mais largos, os acessórios mais comuns. Dessa forma, encontrar um Maverick Super original não é tarefa das mais simples.

Grade e emblema da versão Super.

SUPER LUXO E LDO

A versão Super Luxo era a mais requintada e com melhor padrão de acabamento interno e externo do Maverick. Durou até 1976, quando foi substituída, na linha 1977, pela versão LDO.

A versão Super Luxo (SL) apresentava na dianteira uma grade idêntica à do Maverick Super, mas o emblema era mais bonito: uma peça circular com fundo vermelho e desenhos de louros, tendo ao centro a palavra "Ford".

As laterais externas exibiam um conjunto completo de frisos, no contorno das rodas e nos para-lamas dianteiro e traseiro, unidos por outro friso instalado na chamada "caixa de ar" que acompanhava todo o contorno

Emblema da versão Super Luxo.

Versão de Luxo sedã.

da carroceria. Também havia frisos na calha do teto e no contorno das portas.

Seguindo o padrão de identificação do modelo Super, a palavra "Maverick" e um retângulo cromado com a inscrição "Super Luxo" em seu interior apareciam fixados nas laterais dos para-lamas dianteiros.

Na traseira, havia um friso acompanhando o contorno interno da tampa do porta-malas e duas peças estampadas instaladas entre as lanternas e o bocal do tanque de gasolina – uma delas com a palavra "Ford" em baixo-relevo e na cor preta.

Aspectos de acabamento do Super Luxo.

A evolução dos modelos

Internamente, os bancos e os revestimentos de portas eram de courvin preto mesclado com courvin estampado.

O volante era de dois raios interligados, dando a impressão de ser uma única peça, com o desenho de uma coroa ao centro. Nas extremidades dos raios havia duas borrachas, por meio das quais se acionava a buzina.

Acima: emblema do porta-luvas da versão Super Luxo. À esquerda: forração do banco da versão Super Luxo.

Volante da versão Super Luxo.

A luz interna acendia quando as portas traseiras eram abertas, e havia um pequeno cinzeiro cromado na parte inferior do encosto do banco dianteiro, na versão com banco inteiriço, o que permitia sua utilização pelos ocupantes do banco traseiro. As laterais internas das portas apresentavam o mesmo padrão de acabamento adotado na versão Super, apenas com um contorno imitando cromado e um grande botão inserido no centro da peça. A tampa do porta-luvas tinha um pequeno emblema cromado com a palavra "Maverick", imitando os aplicados na lateral dianteira da carroceria, só que em escala reduzida.

Emblema da grade da versão LDO.

Calotas da versão Super Luxo.

As calotas eram grandes e de aço inoxidável, com gomos nas laterais e no centro envolvendo toda a roda. De 1973 a 1975, as partes internas dos destaques (gomos) e a borda da parte central eram pintadas de preto. A partir do segundo semestre de 1975, os gomos e a borda central das calotas passaram a ter a mesma cor que a carroceria.

Na versão LDO, lançada em 1977, a grade dianteira ganhou novo desenho, composto por largos retângulos dispostos na vertical, com contorno de cor prata, pintura essa que acompanhava todo o entorno da peça. O emblema, também retangular, remontava aos anos 1950, quando a Ford usou pela primeira vez a figura dos três leões, adotada depois em diversos outros modelos, inclusive nos Fairlanes e nos Galaxies.

A porção inferior do emblema era dividida em três partes, cada uma de uma cor – vermelha, branca e azul. Já na porção superior, os três leões sobre um fundo preto simbolizavam as gerações do clã Ford (Henry Ford, Edsel Ford e Henry Ford II) na gestão da empresa. Segundo Nelson Ott, a utilização desse de grafismo no emblema (leões e três cores) foi abandonada na década de 1980.

Nas laterais, os frisos foram substituídos por similares aos do modelo americano, ainda acompanhando a lateral do carro, mas dessa vez na linha do corte, à

A evolução dos modelos

meia altura. Próximo à parte traseira, foi instalado um refletor vermelho.

Na parte traseira, um friso cromado contornava as novas lanternas com três gomos. Fixada no painel, próxima à lanterna do lado do passageiro, aparecia a palavra "Ford".

Internamente, a base do painel exibia um friso, também presente na versão Super Luxo, e a tampa do porta-luvas trazia um logotipo cromado com a sigla "LDO".

Revestidos de tecido, os bancos ofereciam conforto extra, graças à maior quantidade de recheio de espuma, lembrando um pouco as poltronas residenciais. Em algumas unidades, a versão LDO era monocromática, com bancos, carpetes, teto, forração das portas e do painel da mesma cor, em geral azul ou marrom.

O volante era idêntico ao do Ford Landau, com quatro raios e uma parte em formato quadrado no centro, com uma coroa centralizada. Para acionar a buzina, apertava-se a parte central.

As calotas eram de aço escovado e traziam no centro o desenho de uma coroa dentro de um pequeno círculo com fundo preto.

Talvez seja a calota mais bonita e elegante da linha Maverick.

A opção do câmbio automático já era oferecida com o acionamento por meio de alavanca instalada no console central.

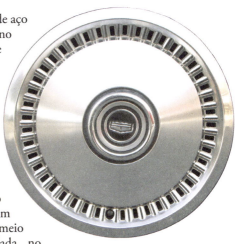

Calota da versão LDO.

À esquerda: volante da versão LDO. À direita: alavanca de câmbio automático no console central.

GT – V-8 E QUATRO CILINDROS

A versão esportiva do Maverick, chamada de GT (Grã-Turismo), surgiu com o lançamento do carro, em junho de 1973, tendo como principais características, nos aspectos visual e mecânico, a exclusividade do motor V-8 e as rodas um pouco mais largas que as das outras versões. Do ponto de vista da avaliação mecânica, igualava-se ao demais modelos da linha. Era nos detalhes que estavam as diferenças que se faziam muito evidentes, como o relógio no console e o charmoso conta-giros, instalado na parte superior do suporte da coluna de direção, bem à frente do painel, com escala até 6.000 giros para o motor V-8 e até os 8.000 giros para a versão GT4.

Fase I – 1973-1976

As principais características da versão GT desse período eram o capô do motor com pintura central em preto fosco e as pontas dianteiras, travas de segurança

Versão GT, com destaque para o capô de 1973 a 1976.

Conta-giros da versão GT.

adicionais para evitar abertura acidental do capô iguais às usadas em competição, mas que, nesse caso, passavam a ter efeito meramente estético. Nas pontas, os sobrearos, também pintados de preto fosco, deixavam apenas os cromados nos filetes das bordas, acompanhando o friso do capô.

Nas laterais, o grafismo era de adesivo preto fosco, colocado na parte inferior da linha média do carro. Na porção mais próxima da porta havia um emblema retangular com uma bandeira quadriculada e a sigla "GT" sobre um fundo vermelho. Na porção dianteira, logo atrás da ponta do para-

A versão GT, até os dias atuais a mais desejada, passou pelas mesmas mudanças que os demais modelos da linha Maverick.

A evolução dos modelos

-choque, aparecia em baixo-relevo a inscrição "302-V8", indicativa do motor.

Os para-choques possuíam duas garras cromadas com um filete de borracha. O painel traseiro era pintado de preto fosco e exibia um emblema cromado com a palavra "Ford" próximo à lanterna esquerda, deixando um fino filete preto na base do porta-malas e seguindo pelas ponteiras.

Grafismo do painel traseiro da versão GT V-8 de 1973 a 1976.

Calota da versão GT de 1973 a 1976.

As calotas eram idênticas às utilizadas na versão Super, mas pintadas de preto e com as letras da palavra "Ford" sem pintura, evidenciando o contraste com o fundo prateado do aço.

Emblema e grade da versão GT de 1973 a 1976.

A versão GT teve dois tipos de volantes nessa fase. O mais comum era igual ao da versão Super e foi usado de 1973 ao final de 1976. O mais desejado, o famoso volante de três raios, surgiu no final de 1976, preparando o consumidor para as mudanças que viriam no ano seguinte.

A dianteira apresentava grade idêntica ao modelo Super, mas pintada de preto. O logotipo central, com a sigla "GT" sobre fundo vermelho, lembrava o emblema da grade da versão SL.

Fase II – 1977-1979

Nesse período o carro ganhou um novo capô, sem os grampos de segurança, mas com o mesmo tipo de pintura. Duas falsas entradas de ar foram incorporadas, tendo apenas finalidade estética.

Além disso, foi lançada uma versão mais "mansa", o GT4 – tratava-se do mesmo modelo, só que equipado com motor de quatro cilindros. O grafismo lateral ficou mais largo; agora acima da linha média da carroceria, não chegava mais até a ponta do para-lama, parando próximo da porta e com a extremidade inclinada para cima. Em vez de ser confeccionado com material adesivo, como anteriormente, passou a ser pintado, mantendo o tom de preto fosco e indicando, na parte frontal, o tipo de motor: "302-V8" ou "2.3L-OHC", respectivamente, GT V-8 e GT4.

À esquerda: grafismo lateral das versões GT V-8. À direita: GT4. Ambas são de 1977 a 1979.

A evolução dos modelos

Um novo grafismo foi aplicado ao painel traseiro, que, embora tenha se mantido cobrindo toda a lataria, passou a invadir a porção do porta-malas, dando uma impressão de "rabeta" e estampando em letras grandes a palavra "Ford" ao centro, em substituição ao emblema cromado da versão anterior. As lanternas de três gomos, introduzidas nessa fase, ainda hoje fazem muito sucesso.

Os aros de farol continuaram iguais e uma nova grade dianteira alterou o conjunto, passando a ser a mesma da versão LDO, mas sem os contornos metálicos, com grandes e largos retângulos verticais em ângulo e sem logotipo ou emblema.

As calotas receberam nova pintura, invertida em relação à versão anterior: o que antes era prata se tornou preto e vice-versa.

O volante de três raios permaneceu até meados de 1978, quando foi substituído pelo mesmo da versão LDO, que também equipou o Landau.

Acima: calota da versão GT de 1977 a 1979.
À esquerda: grafismo do painel traseiro da versão GT V-8 de 1977 a 1979.

Versão GT, com destaque para o capô utilizado de 1977 a 1979.

VERSÕES ALTERNATIVAS

A aceitação do Maverick pelo público foi tão grande que o carro deixou uma legião de consumidores órfãos quando do encerramento de sua produção, em 1979.

Quem tinha um Maverick sentia-se orgulhoso por possuir um veículo que oferecia um status diferenciado. Se fosse a versão GT, o destaque era a performance; no caso do sedã, o conforto e o acabamento luxuoso; no do cupê, a praticidade e a confiabilidade. Mas, para alguns, o Maverick por si só não era suficiente – era preciso ir além e dar um toque especial a seu querido carro.

Vale lembrar que, nos últimos anos da década de 1970, carros importados por aqui eram raridade pois as importações foram proibidas em 1976. O Brasil vivia uma época em que eles eram propriedade apenas de representações estrangeiras (consulados e afins) ou de pessoas endinheiradas, que podiam arcar com os altos preços cobrados por carros trazidos dessa maneira. Essa realidade praticamente proibia que carros importados chegassem ao consumidor final.

Assim, para sair do lugar-comum, era natural que se buscasse algo que tornasse o Maverick único e especial, e o carro, por suas linhas modernas e marcantes e pela mecânica confiável e potente, passou a ser alvo de várias investidas em personalização. Algumas dessas modificações foram feitas na própria Ford; outras, por concessionárias que lançavam versões especiais e alguns empreendedores corajosos que criaram suas próprias interpretações para o Maverick.

Como só restava ao consumidor contentar-se com as versões nacionais especiais, surgiram nesse período muitas empresas de transformação de veículos, que ofereciam kits para os mais diversos carros, a grande maioria usando a mecânica Volkswagen e peças de plástico reforçado com fibra de vidro.

O Maverick não ficou fora dessa moda. As alterações mais comuns incluíam o spoiler dianteiro, a incorporação de uma "rabeta" no porta-malas e nos acabamentos laterais traseiros, funcionando como um miniaerofólio, e o teto solar de lona com seus trilhos que ocupavam praticamente o teto inteiro dos carros.

A evolução dos modelos

E as rodas, então? Empresas e modelos multiplicavam-se, sendo as marcas Rodão, Scorro, Binno, Jolly e Italmagnésio as mais conhecidas. Roda esportiva tinha de ser de liga leve. Aparelhos de som e escapamentos dimensionados também eram bastante comuns.

Atualmente existe a onda do tuning, cuja proposta, apesar de toda a tecnologia disponível, não é muito diferente daquela que ocorria nos anos 1970. Aliás, se fizermos um retrospecto da história do automóvel, veremos que isso começou muito tempo antes. Lembra-se das carreteras? E dos pegas nos anos 1950? Ou, ainda, dos encarroçadores da Europa, que com base em uma mesma plataforma e mecânica davam ares distintos e exclusivos aos carros?

Além de todas as alterações citadas, que podiam ser feitas por qualquer pessoa que possuísse um Maverick sem comprometer muito seu orçamento, surgiram opções mais exclusivas. Tão exclusivas que algumas nem chegaram a ser produzidas além do protótipo, outras tentaram avançar em algumas unidades e somente a perua obteve sucesso em seu intento, se é que o volume produzido nessa versão pode ser considerado um sucesso.

O ponto em comum de todas as transformações era o atendimento de algum nicho de mercado que o Maverick original de fábrica não atendia, sem contar que se tratava, também, de uma forma de dar sobrevida a um produto já encerrado.

Apesar de todas as versões alternativas terem sido fabricadas extraoficialmente e sem a autorização expressa da Ford, houve uma versão especial – a bicolor – lançada pela própria fábrica.

BICOLOR

O Maverick com pintura bicolor – mais conhecido nos anos 1950 como "saia e blusa", embora, com exceção da presença das duas cores, em nada lembre o auge das pinturas daquela época – foi lançado em junho de 1975. Tinha o objetivo de apresentar um *plus* à linha de produtos Maverick e foi a única versão especial oficialmente lançada pela fábrica, cuja pro-

Versão bicolor no tom verde.

Maverick 1975 bicolor, disponível nas versões cupê e sedã.

dução se encerrou no início de 1976, com poucas unidades produzidas. A cor base do carro era o branco, e uma fina faixa, que podia ser azul ou verde, percorria a linha média da carroceria, acompanhada por uma pequena faixa da cor do veículo. A saia era pintada de azul ou verde, deixando o carro com essa cor da linha média para baixo. O modelo escolhido para receber a pintura bicolor era o Super Luxo equipado com o motor de quatro cilindros, nas versões cupê e sedã.

CENTAURO

O Centauro foi um projeto independente, idealizado por Carlos Alberto Correa, da empresa Decorauto Produções, de Recife (PE). Esteve em produção entre novembro de 1979 (estudos e desenhos) e julho de 1981 (primeira unidade finalizada), tendo como base um modelo cupê do ano de 1975. Como o Maverick já não era mais fabricado quando o carro começou a ser desenvolvido, o representante da empresa nas regiões Sul e Sudeste, Sigesfredo Camargo Neto, tentou viabilizar com a Ford a retomada da produção de uma ou duas centenas de Mavericks exclusiva-

A evolução dos modelos

mente para essa transformação, mas sem obter sucesso. O nome com que o projeto foi batizado, "Centauro", referia-se ao ser com torso, braços e cabeça de homem e corpo de cavalo da mitologia grega.

Os faróis circulares originais foram substituídos por dois conjuntos retangulares, e o capô foi alongado, de forma que o conjunto óptico ficasse embutido em uma frente comprida e sem grade. A parte interna ganhou um novo painel de instrumentos, no qual, de lembrança do original, restaram apenas dois mostradores ovalados no centro. O carro também tinha um teto solar de lona com acionamento manual e sistema de trava a ar que só funcionava com o motor em funcionamento. Na traseira, duas enormes lanternas quadradas com cantos arredondados, além da tampa do porta-malas mais alta e fina.

Em testes de revistas da época, os conjuntos dianteiro e traseiro foram bastante criticados por apresentarem, respectivamente, pouca área de refrigeração para o motor e lanternas muito grandes, destoando do conjunto da carroceria.

Com base no retorno da avaliação, o fabricante não perdeu tempo e lançou uma versão atualizada com algumas alterações no desenho, retocando a parte dianteira, que ganhou entradas de ar maiores na parte inferior, e a traseira, agora com um novo conjunto de lanternas, emprestadas do Chevrolet Monza. É interessante observar as sutis diferenças entre os dois modelos produzidos, o primeiro protótipo na cor preta e sua versão melhorada, amarela.

Folheto de divulgação do Centauro.

À esquerda: Maverick Centauro – traseira e lateral esquerda.
À direita: Maverick Centauro – frente e lateral esquerda.

PERUA

Este foi provavelmente o projeto de transformação com maiores chances de aceitação no mercado, caso não tivessem sido cometidos erros básicos, como a demora para o início da execução e o valor final atingido. Idealizado e realizado pela concessionária Ford Souza Ramos, de São Paulo (SP), visava entrar em um nicho no qual o Maverick não competia, o de station wagon (ou perua, como se dizia na época), tendo como base a versão sedã (quatro portas). Foi de olho no mercado familiar, ao qual esse tipo de veículo se destinava, e levando em conta o fato de que a Ford não tinha planos de preparar uma versão perua do Maverick, que a SR Veículos, empresa do grupo da concessionária, decidiu planejar essa versão alternativa.

O projeto teve início em 1976, mas só começou a se tornar realidade dois anos depois, com a execução das primeiras alterações. O custo desse serviço era muito alto, pois, com a recusa da Ford a vender veículos semiacabados, a SR precisava comprar o Maverick pronto, que era então desmontado, transformado e montado novamente. Além disso, como a transformação era feita sem a autorização formal (embora com conhecimento) da Ford, o veículo perdia a garantia de fábrica; a solução para esse impasse foi estender o serviço também a veículos usados, passando todos a ter garantia da concessionária.

A transformação consistia basicamente na colocação de um teto alongado de chapa e uma tampa traseira feita de plástico reforçado com fibra de vidro. Na parte interna, as alterações restringiam-se ao banco traseiro, que era rebatível e vinha da Belina, e aos puxadores das portas traseiras, que, pelo fato de o banco plástico poder deitar, tiveram de ser refeitos em fibra de vidro, ficando praticamente embutidos no acabamento da porta.

À esquerda: Maverick perua – visão traseira do projeto de transformação. À direita: Maverick perua – visão lateral do projeto de transformação.

A evolução dos modelos

A grande diferença do Maverick perua era seu espaço de bagagem, principalmente com o banco traseiro rebatido (deitado), que conseguia oferecer capacidade para 1.530 litros, aliado ao fato de essa ser a única perua nacional com quatro portas e motor V-8 depois da Simca Jangada.

O preço dessa exclusividade era altíssimo, pois a transformação chegava a custar o equivalente a cerca de 40 por cento do que se pagava por um Maverick novo e demorava entre trinta e sessenta dias para ser concluída. Na tentativa de reduzir o custo e o tempo da transformação, a SR Veículos contratou a empresa de carrocerias Sulamericana para levar o projeto adiante e ampliar o volume de produção. Outra concessionária paulista, a Sonnervig, entrou no negócio, mas, com o término da produção do Maverick no ano seguinte ao lançamento da versão perua, o projeto inteiro estava comprometido, após uma produção estimada entre cem e 150 unidades.

Maverick Perua: espaço interno da traseira.

Embaixo: visão dianteira e traseira da Maverick perua.

Visão frontal do Maverick LDO.

MAVILLAC OU CADERICK?

O Caderick ou Mavillac, uma mistura de Maverick com Cadillac, foi projetado e construído entre janeiro e setembro de 1981. O pai da ideia foi Shlomo Eliakim, israelense radicado no Brasil e proprietário da empresa Ove Plast, em Itaquaquecetuba (SP). Para fazer as alterações, Eliakim usou chapas de aço e não de plástico reforçado com fibra de vidro, que eram muito mais comuns naquela época.

Visão traseira e lateral direita do Mavillac/Caderick.

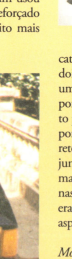

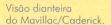

Visão dianteira do Mavillac/Caderick.

Do Maverick GT 1974 original, talvez tenha sobrado apenas o nome no documento de registro de licenciamento, pois as alterações estéticas foram muito significativas. A frente ficou quadrada e reta, com dois conjuntos de dois faróis nas laterais e um enorme radiador cromado no centro. As portas foram mantidas sem alterações, exceto pelas maçanetas embutidas, e a tampa do porta-malas subiu, terminando em ângulo reto. As laterais da traseira exibiam dois conjuntos de lanternas do próprio Maverick, mas sem o contorno cromado, ou seja, apenas as lentes originais foram aproveitadas; eram duas de cada lado, o que criava um aspecto estranho e de gosto duvidoso.

A avaliação do carro feita pela revista *Motor 3*, em setembro de 1981, apresentou comentários sobre vários aspectos, entre eles a perda de identidade visual, causada pela mistura excessiva de ângulos retos e curvas na carroceria. A dianteira foi o ponto mais criticado, devido à colocação da grade mais à frente em relação à posição dos faróis.

O mínimo que se pode dizer do resultado é que não existia meio-termo: essa era uma versão "ame ou odeie".

A evolução dos modelos

PICKUP

O Maverick Pickup nunca foi fabricado em série nem por alguma empresa especializada em transformações. Foi apenas um exercício da concessionária Ford Novocar da cidade gaúcha de Novo Hamburgo, que, em busca de praticidade e diferenciação, cortou um Maverick sedã para criar uma pickup, a ser utilizada apenas para os serviços da oficina. Essa versão tinha uma decoração externa bem chamativa e fez sucesso como veículo de apoio (socorro) mecânico. A concessionária em questão já era famosa no Rio Grande do Sul graças ao importante trabalho realizado na comercialização do Galaxie, chegando até a ser a líder nacional em vendas.

Maverick Pickup.

CLÁUDIO SPILLER

O carioca Cláudio Spiller resolveu dar um toque pessoal a seu Maverick 1975. Não que o modelo não lhe agradasse, pelo contrário. Mas era preciso ir além e homenageá-lo, de modo que se tornasse único. A personalização de um carro, tão em voga nos dias atuais com a onda do tuning, já se fazia presente nos anos 1980.

Spiller trocou a frente e a traseira, além de aplicar sobre o capô a imagem de uma águia, emblema que foi muito utilizado em um ícone americano, o Pontiac Trans-

conjunto mais retilíneo, em substituição às linhas arredondadas das pontas dos para-lamas e dos faróis. Estes passaram a ser quatro, retangulares, e ficavam embutidos, abaixo da linha do capô. Uma nova grade foi especialmente desenvolvida para a versão, a partir de outras duas originais de Maverick. Na lateral, as mudanças incluíram saídas dos escapamentos abaixo das portas, maçanetas embutidas herdadas do Alfa Romeo 2300 e saídas de ar instaladas nos para-lamas.

O carro, que até hoje é assíduo participante, junto com seu proprietário, de diversos eventos no Rio de Janeiro e em outras localidades, foi reformado recentemente: recebeu uma belíssima cor azul metálica e não exibe mais a águia do capô.

Acima: o Maverick Cláudio Spiller nos anos 1980. Embaixo: o mesmo veículo, após o ano 2000.

-Am. O capô recebeu ainda uma tomada de ar decorativa, completando o conjunto visual dianteiro. A frente ganhou um

A evolução dos modelos

QUADRIJET

O Maverick Quadrijet foi uma opção que a Ford encontrou, em 1974, para homologar o carro para as pistas e poder continuar fornecendo o modelo às equipes que competiam na categoria Turismo. O Maverick se sagrava vencedor em quase todas as categorias de que participava, e sua superioridade frente aos Opalas 4100 e 250S era inquestionável. Nem mesmo o Dodge, com motor V-8 mais potente que o seu, conseguia superá-lo.

No entanto, a GM reagiu e lançou uma versão mais potente, a 250-S, e começou a derrotar a Ford. O Opala com esse motor era mais rápido mesmo nas retas, o que levou a Ford a encontrar uma solução.

Pressionada também pelas equipes que o utilizavam e com base nos resultados alcançados nas pistas, que projetavam ainda mais a imagem de um carro potente e vencedor, agregando valor à marca, a Ford planejou uma resposta à GM com o lançamento de uma limitada quantidade de Mavericks Quadrijet, que foram oferecidos aos consumidores, por meio de seus distribuidores, com três opções de pacotes: aquisição de um kit de preparação que poderia ser instalado em qualquer Maverick com motor V-8, aquisição de um motor inteiro já preparado e aquisição do Maverick Quadrijet, um carro inteiro já com o motor preparado. Os valores de venda do kit foram definidos em 8.000 cruzeiros para equipes e 10.000 cruzeiros para consumidores particulares.

Basicamente, o motor do Quadrijet era muito parecido com o V-8 de linha de produção, com as mesmas dimensões de diâmetro, curso e válvulas, e demonstrando ser o mesmo do carro de rua. As mudanças se restringiam a "detalhes", como a troca do carburador duplo por um quádruplo e do comando de válvulas e tuchos. Mas essas pequenas mudanças deram um ganho de 45 cv ao motor, oferecendo ao motorista-piloto um motor com aproximados 180 cv de potência, enquanto o Opala 250-S tinha 153 cv (potências líquidas, como são consideradas nas competições). Desse modo, o Maverick Quadrijet passou a atender aos pré-requisitos para poder competir e vencer novamente.

Detalhe do motor Quadrijet.

5000R

O Maverick 5000R foi uma proposta de diferenciação criada por uma concessionária Ford de São Paulo, a Caltabiano Veículos, com desenho do famoso estilista Anísio Campos. Seu nome remetia ao motor de 5 litros com a letra R, que significava *racing*, numa alusão ao *plus* de esportividade que o carro recebera. Segundo outra interpretação, o R se referia ao termo "recorde", lembrando os vários recordes batidos

Painel: aspecto esportivo.

Visão frontal: agressividade.

pelo Maverick da equipe Hollywood, no qual se inspirava.

O modelo foi lançado e comercializado com diversas características exclusivas, entre elas: spoiler frontal; faixas decorativas laterais diferenciadas (que terminavam com o emblema "5000R" subindo próximo à tampa do porta-malas e à ponta do aerofólio); teto solar corrediço de lona (marca Webasto), que ocupava quase 1 m² do teto; vidros *ray-ban* elétricos; rodas de liga leve (italianas, da marca BWA, sendo as dianteiras com tala de 6 polegadas e as traseiras com 7,5 polegadas); aerofólio traseiro (fabricado pela Puma e inspirado no Maverick da equipe Hollywood); volante esportivo.

O preço final do modelo com todos os opcionais disponíveis, em janeiro de 1975, era de 88.000 cruzeiros – bastante superior ao de seus concorrentes de época, como o Alfa Romeo 2300 (60.000 cruzeiros) e o Dodge Charger RT (74.000 cruzeiros), e igual ao do Puma GTB.

O 5000R era muito caro até em relação ao próprio Maverick, pois o inves-

A evolução dos modelos

timento representava a compra de outro carro, tendo em vista que um zero-quilômetro custava pouco mais de 47.000 cruzeiros. Mas o interessado podia decidir quanto gostaria de investir, já que os opcionais podiam ser escolhidos conforme o gosto. Não há informações de quantos carros foram fabricados.

Detalhe do logo e do aerofólio.

KIT SPOILER

O Kit Spoiler, desenvolvido pela empresa Spoiler, do Rio de Janeiro, consistia em peças moldadas em plástico reforçado com fibra de vidro. A frente, o capô e o para-choque dianteiro originais eram trocados por uma frente pronunciada em peça única, que abria para cima e para a frente, com quatro faróis retangulares embutidos e uma "grade" moldada com três linhas horizontais paralelas, por onde ocorria a captação de ar. Nas laterais, o kit abrangia maçanetas embutidas originárias do Alfa Romeu 2300, saída de ar nos para-lamas e janela basculante traseira fechada por uma peça tipo persiana com duas pequenas fendas, para manter a ventilação. Na capota, era composto de um teto solar corrediço de acrílico. Para a parte traseira, uma peça única incorporava o para-choque, com ponteiras laterais, e o painel traseiro, onde eram instaladas duas lanternas de Chevrolet Monza (modelo 1983).

Não há informações de quando este kit foi comercializado, mas calcula-se que tenha sido por volta de 1985.

Divulgação do Kit Spoiler.

CAPÍTULO 4

NAS PISTAS

VIDA FÁCIL

O Maverick teve uma vida bem fácil nas pistas, com muitas vitórias importantes, graças ao conjunto mecânico robusto que, no geral, não era páreo para nenhum outro competidor. Seus concorrentes mais fortes eram o Opala 4100 e, depois, o Opala 250-S. Já os Dodges, embora tivessem um motor mais potente, nunca foram desenvolvidos o suficiente e não eram capazes de fazer curvas com a mesma facilidade que o Maverick e o Opala.

Independentemente do desempenho desses dois rivais, o Maverick levava vantagem nas pistas porque acelerava forte e tinha uma boa capacidade para fazer curvas em alta velocidade, ou, como preferem os pilotos, com o pé embaixo.

O ponto mais sensível da mecânica do Maverick eram os freios. Embora perfeitos para o uso urbano, eram, segundo Luiz Francisco Baptista, chefe da equipe Automotor,

projetados para o carro com três pessoas mais bagagem, situação que não ocorria nas pistas, onde o peso era aliviado e havia apenas o piloto.

Além disso, o fato de o motor V-8 ser importado tornava todas as suas manutenções internas bem mais caras que as dos concorrentes, sem falar da oferta das peças, que dependiam de importações constantes. O peso constituía outro problema, pois o carro era o que possuía a estrutura mais reforçada, mas mesmo assim pouca coisa mais leve que o Dodge. Por fim, a suspensão traseira com feixes de molas era perfeita para o uso cotidiano fora das pistas, mas o uso em corridas não permitia muita variação de ajuste, o que dava pequena vantagem ao Opala, mas ainda deixava o Maverick em situação muito melhor que o Dodge.

Os pontos positivos estavam ligados principalmente à durabilidade e à robustez do conjunto, e ao motor, que permitia grande ganho de potência ao ser preparado. Já o aspecto mais importante da estrutura do Maverick, e que fazia muita diferença nas pistas, era a reduzida torção da carroceria, graças à qual o carro obtinha melhor ângulo de curvas que os concorrentes e a velocidade em curvas não sofria grande perda, o que podia ajudar, e muito, no resultado final da prova, mesmo com a limitação do ajuste dos feixes de molas.

A supremacia dos Mavericks fez com que pilotos que corriam com o Opa-

Nas pistas

la buscassem de todas as formas tentar vencê-los fora das pistas, o que é conhecido como "tapetão". Certa vez, a General Motors atendeu ao pedido de pilotos, liderados por Bob Sharp (que posteriormente correu com o Maverick) e Jan Balder, e requereu em 1974 a homologação de uma variante opcional, que chamou de 250-S, com grande ganho de potência, de 118 cv para 153 cv (potência líquida). A Ford, por um momento inferiorizada com os 135 cv do V-8, partiu para o contra-ataque e pediu a homologação do kit Quadrijet.

Além disso, a crise do petróleo chegou também às pistas, e a Ford, ao lançar o novo motor de quatro cilindros, criou em 1975 uma categoria própria, que teve duas corridas promocionais, realizadas em São Paulo e Brasília. Era o I Torneio Sul-americano de Campeões, que ficou conhecido como Festival Maverick quatro-cilindros, com carros idênticos fornecidos pela fábrica e pilotados principalmente por brasileiros e argentinos, mas com presença de pilotos do Peru, Uruguai, Chile, Paraguai, Equador e Venezuela. De acordo com o jornalista Luiz Alberto Pandini,

Folheto institucional de divulgação das vitórias.

pilotos de Fórmula 1, como o italiano Vittorio Brambilla, e brasileiros que corriam no exterior, como Alex Dias Ribeiro, também participaram.

A primeira corrida, no Autódromo de Interlagos, foi uma festa, com aproximadamente quarenta carros no grid e na quase totalidade da prova. A rivalidade entre esses povos estava presente em todas as atitudes, e na pista não foi diferente. Se levarmos em consideração que os carros eram da Ford e que, portanto, as equipes não iriam pagar a conta por eventuais danos ou acidentes, dá para imaginar o que foi a prova, repleta de batidas, empurrões e outras manobras nem um pouco esportivas, que levaram o público de 40.000 pessoas à loucura com o que assistia. O final foi o esperado: carros amassados em todos os lados e pilotos eufóricos, mas com a permanência dos Mavericks até o final, mesmo que bem avariados. Aliás, essa foi a comprovação necessária da eficiência do novo motor, conforme cita o jornalista Mauro Forjaz (1975):

> Quem viu o espetáculo só pode chegar à conclusão de que, se não fora a ocorrência de choques frontais e de capotadas, seriam poucas as quebras. Significa que o Maverick, submetido a um massacre sem piedade, aguentou com bravura o 'corpo a corpo' daquela 'batalha campal.

A Ford inscreveu também dois Mavericks de quatro cilindros na corrida Mil Quilômetros de Brasília, em 1976, prova de Turismo de Série (Grupo 1), ingressando na classe B (de 1.601 a 2.500 cm^3). Outros dois Mavericks oficiais eram V-8 classe C (acima de 2.500 cm^3). Os quatro-cilindros exibiam, pintada em cada lado do teto, a identificação "Maverick 4", para servir de propaganda. Apesar de todo o movimento que essas corridas provocavam, eram poucas as equipes

Ford Maverick contorna curva à frente dos Opalas.

Nas pistas

estruturadas que corriam com Mavericks: a oficial, chefiada por Luiz Antônio Greco, a tradicional equipe Hollywood e a Automotor, fundada em 1980 e chefiada por Luiz Francisco Baptista. Equipes menores, quase anônimas, quase sempre completavam o grid com mais Mavericks.

Nomes famosos ainda nos dias atuais estiveram atrás do volante do Maverick nas pistas, como Bird e Nilson Clemente, que, com Clóvis de Moraes, venceram a primeira corrida que o Maverick disputou, em 1973, e Bob Sharp, campeão brasileiro de Turismo de Série (Grupo 1) e campeão da categoria Turismo Especial Brasileiro (Divisão 3), em 1976. Podemos citar também Afonso Giaffone, Alex Dias Ribeiro, Antônio Carlos "Totó" Porto Filho, Antônio Castro Prado, Arthur Bragantini, Aloysio Andrade Filho, Camillo Christófaro, Carlos Quartim de Moraes, Chico Landi e seu filho Luís Landi, Constantino Andrade, Dante Di Camillo, Edgard Mello Filho, Fábio Crespi, José Carlos Pace, José Maria Ferreira, Lúcio Naja, Luiz Pereira Bueno, Marivaldo Fernandes, Paulo Costa, Paulo Gomes, Sérgio Di Gênova, Tite Catapani, entre outros.

José Carlos Pace acelera o Maverick de quatro cilindros.

Folheto de divulgação do Festival Maverick 4.

Maverick Turismo
5000 – anos 1980.

Nas pistas

A Ford usava muito as provas realizadas em pistas como fonte de mídia, tanto que comprou uma página inteira da revista *Autoesporte* (out. 1975) para divulgar, em parceria com o patrocinador do I Torneio Sul-americano de Campeões (cigarros Hollywood), a proeza de José Carlos Pace e o Maverick quatro-cilindros de nº 19, ao vencer, após largar em 19º lugar, a etapa de Brasília.

Em julho de 1976, o governo brasileiro proibiu as competições motorizadas (automobilismo, motociclismo e motonáutica) em todo o território nacional a partir do ano seguinte, acreditando estar dando uma resposta à crise do petróleo. A norma logo foi revogada, mas à custa de severas restrições ao uso de gasolina nesses eventos. Isso levou a Ford a encerrar sua participação na Divisão 1, e Luiz Antônio Greco retirou-se das corridas.

Os Mavericks sumiram das pistas brasileiras, mas não por muito tempo. Em 1981, a Federação Paulista de Automobilismo (hoje Federação de Automobilismo de São Paulo) criou a categoria regional Turismo 5000. Aberta somente a carros com motores V-8 de série, ela recebeu Fords Maverick, Dodges Charger e até Fords Galaxie. Durante os primeiros anos, a categoria foi um sucesso: as provas eram disputadas no circuito (anel) externo de Interlagos e cerca de cinquenta carros se inscreviam a cada corrida – largavam somente os 33 mais rápidos nos treinos, já que essa era a capacidade máxima dos 3,2 km do circuito. Os Mavericks venceram praticamente todas as corridas da categoria.

A Turismo 5000 durou até 1986, já com poucos participantes devido à dificuldade de conseguir peças de reposição e novos veículos, mas que recebiam um tratamento especial para a melhoria da performance com "kits aerodinâmicos" bem criativos, como o remanescente modelo da equipe Di Gênova.

EQUIPE DROPGAL FORD – GRECO MOTORSPORTS

Pode-se dizer que a equipe Ford foi uma evolução natural da equipe Willys, pois ao incorporar a empresa, em 1967, a Ford adquiriu também a equipe de competições, interferindo nela diretamente a partir de 1968.

Vale lembrar que a equipe Willys foi uma vencedora inquestionável nas categorias que disputou, além de ter inovado em veículos e testes de componentes, inclusive do motor 302 V-8, para o mercado brasileiro. Criada em 1962, era chefiada por

Visão lateral do Gordini, carro fabricado pela Willys-Overland com a marca Renault.

Christian Heins (Bino) como piloto oficial, que tinha em Luiz Antônio Greco seu braço direito e copiloto. Com o falecimento de Bino, durante a prova 24 Horas de Le Mans em 1963, Greco assumiu a chefia da equipe e tornou-se figura importante até no marketing dos produtos.

Os carros eram conhecidos como "os amarelinhos", por causa da cor utilizada na carroceria, e vários nomes se consagraram em diversos momentos da equipe, sendo fundamental destacar Bird Clemente, seu irmão Nilson Clemente e Clóvis de Moraes, os primeiros a pilotarem um Maverick de corrida no Brasil. Dos três, o mais famoso foi Bird, que ingressou na equipe em 1964, vindo da equipe Vemag, e se tornou o primeiro piloto profissional do país, recebendo salário fixo e benefícios, como um carro da empresa para seu uso pessoal. Também fez história dirigindo os Berlinetas Interlagos, que saíam muito de traseira, criando um novo estilo de fazer curvas, literalmente de lado.

Ao longo da sua história, a equipe Willys teve muitos veículos, que iam sendo atualizados conforme os campeonatos e os avanços tecnológicos. A lista inclui os Renaults Gordini e 1093, produzidos sob licença da fabricante francesa; o Alpine A-108, chamado Interlagos no Brasil e fabricado aqui em pequena série; o F-3 Willys Gávea, construído por Toni Bianco, os Corcéis da equipe de rali. Já na fase Ford, o Alpine A-110, chamado Mark I; o protótipo Bino, Mark II; e, após a Ford ter interrompido o programa de competições, o Fórmula Ford Bino, fabricado por Greco com base no monoposto do F-Ford Merlin inglês. Após interromper sua atividade por alguns anos, Greco voltou, em 1973, para representar a Ford nas competições com o Maverick.

A volta de Greco foi coroada por expressivas vitórias do Maverick. Começou vencendo as 25 Horas de Interlagos e as 12 Horas de Tarumã, além de chegar em primeiro na 11ª Mil Milhas, em Interlagos no fim do ano, com um Maverick Divisão 3. Este era extensamente modificado, conforme o regulamento autorizava, com cabeçotes de alumínio Gurney-Weslake e quatro carburadores Weber 48 IDA. Acertos na suspensão e freios e o motor 302 de 450 cv a 6.800 rpm levaram a dupla Bird e Nilson Clemente à vitória com quatro voltas de vantagem sobre o segundo colocado, o Maverick de Camillo Christófaro e Eduardo Celidônio. Um motor bem mais potente que o 302 original de 199 cv de potência e SAE bruta a 4.500 rpm.

Bird Clemente e o Maverick.

Bird Clemente relata que o Maverick na primeira corrida era um carro recém-lançado e, portanto, uma incógnita para todos, pois ninguém podia garantir como seria sua performance. O motor não chegava a ser a preocupação, pois a equipe havia utilizado essa mecânica em testes com o protótipo Avallone-Ford nas pistas. Clemente lembra também que sua presença ao volante na primeira corrida com o Maverick no Brasil se deu por uma sucessão de coincidências a seu favor, já que os dois pilotos cotados para o posto estavam impossibilitados de participar, um com a perna quebrada e o outro na Fórmula 1.

EQUIPE HOLLYWOOD (BERTA)

Esta foi uma equipe muito importante no automobilismo brasileiro e, como não poderia deixar de ser, teve seus resultados brilhantes também com os Mavericks. Seu surgimento, em 1971, se deu por maciço investimento da empresa de cigarros Souza Cruz, que, após ver frustrada uma negociação de patrocínio com dois pilotos renomados, direcionou seu capital para a Equipe Z, que corria com um carro sem

Maverick Berta Hollywood.

identificação. Essa equipe era liderada por Anísio Campos e Luiz Pereira Bueno.

Os primeiros carros da então formada equipe Hollywood eram os mesmos da equipe Z, mas agora devidamente pintados e identificados: dois Porsches, um 908 e o outro 910. Depois viriam Lola T 210, Opala e Maverick, correndo em duas categorias (divisões).

A estreia do Maverick Hollywood aconteceu na prova SP1 – 200 Milhas de Interlagos, com pilotagem da dupla Luiz Pereira Bueno/Tite Catapani. Nessa corrida, estavam inscritos cinco Mavericks, em um total de treze carros. Os três primeiros colocados foram Fords Maverick, com o da equipe Hollywood no degrau mais alto do pódio.

O segundo Maverick da equipe ficou muito famoso – foi o carro de Turismo mais importante de competição no Brasil durante os anos 1970 –, graças ao argentino Oreste Berta, preparador de motores, e ao brasileiro Anísio Campos, o já consagrado designer automobilístico. Dessa união de interesses, que pôs lado a lado cérebros privilegiados e recursos financeiros, surgiu o Maverick Hollywood.

O carro tinha aspecto futurístico, com aerofólio alto e de tamanho avantajado, recortes laterais amplos para acomodar os pneus largos, sobretudo na traseira, e entradas de ar hiperdimensionadas na frente fazendo conjunto com um spoiler que corria pelas laterais até encontrar-se com o para-lama dianteiro, totalmente incorporado. A linda pintura promocional que acompanhava a linha aerodinâmica do veículo dava a impressão de que ele era bem maior do que na realidade.

A mecânica era baseada em um bloco Ford 302, equipado com cabeçotes Gurney Eagle e carburadores Weber 48, diferencial autoblocante, cárter seco, freios Berta Tornado F1, câmbio Torino modificado para quatro marchas, suspensão dianteira Berta com braços triangulares, quatro amortecedores reguláveis e molas helicoidais (o mesmo na traseira), além de barra Panhard, rodas cubo rápido e pneus especiais, iguais aos usados pelo Copersucar F1.

O carro permaneceu em atividade de 1974 a 1977, período no qual acumulou muitas vitórias e diversas participações. É verdade que não venceu todas e tampouco terminou muitas provas por quebras mecânicas, protestos de concorrentes que

Maverick Berta Hollywood.

Nas pistas

não conseguiriam vencê-lo nas pistas e, também, por fadiga de pneus.

Em 1977, o Maverick foi descartado da equipe e, segundo consta, passou a ficar em mãos de particulares, que o utilizaram em provas e disputas menores até 1980, quando foi levado para o Rio Grande do Sul pelo piloto Edson Troglio (Ferrinho) a fim de disputar a categoria Turismo 5000. Em um primeiro momento o carro foi proibido de competir, mas posterior-mente, em 1989, 1990 e 1991, sagrou-se campeão gaúcho. Foi então vendido a um piloto de arrancada da cidade de Passo Fundo (RS), que em 1994 o repassou às mãos de Luiz Francisco Baptista, da equipe Automotor. O atual proprietário, Paulo Afonso Trevisan, fez sua completa restauração, concluída em 2001, e hoje o Maverick Holywood (ou Maverick Berta) integra o acervo do Museu do Automobilismo Brasileiro, em Passo Fundo.

EQUIPE AUTOMOTOR

Nos anos 1980 e 1990, a presença dos Mavericks nas pistas se deu prati-camente pela insistente e apaixonada atitude da equipe Automotor, que com-petia desde os anos 1970 e parecia não aceitar o fim da produção do carro. Os resultados da equipe a bordo do Mave-rick são impressionantes, começando com as diversas vitórias na Divisão 3, Turismo 5000, Fórmula Classic e em outras categorias.

Segundo Luiz Francisco Baptista, fundador e mantenedor da Automo-tor, os Mavericks teriam sido retirados das pistas por vários motivos, entre eles "a falta de apoio da Ford nos primeiros anos dos campeonatos nacionais, o custo da preparação dos motores importados, as políticas da Federação favorecendo o Opala, o pesado e constante investimen-to da General Motors nas categorias e, finalmente, o precoce encerramento da produção do carro em 1979".

A equipe utilizava o Maverick de forma exaustiva, chegando, inclusive, a preparar para as pistas um modelo qua-tro-portas com modificações na posição do piloto e, assim, aproveitar melhor o ganho em equilíbrio com o estilo e tama-nho da carroceria.

Em relação às corridas disputadas, as Mil Milhas Brasileiras sempre foram muito cobiçadas e, em 1994 (ou 1995), a equipe Automotor tomou a decisão de participar com dois carros: um Maveri-ck e um Mustang. O Maverick estava preparado para suportar a corrida intei-ra, mas o Mustang havia sido preparado

Galaxie na ponta.

Nas pistas

somente para algumas voltas, em virtude do custo da montagem e preparação de dois carros. O objetivo era demonstrar a força e a capacidade da equipe, resistente e persistente desde os anos 1970. O fato é que o Mustang se classificou mal, ficando em 15º lugar na largada. Isso dificultou os planos da equipe, que eram de largar na frente, abrir boa vantagem e então parar. Mas, segundo Baptista, o piloto contratado para a corrida, Denísio Casarini, não se deu por vencido e foi para cima dos concorrentes. Como o carro estava com apenas 40 litros de combustível, bem mais leve, portanto, que os demais, em pouco mais de seis voltas o Mustang já era o terceiro colocado, disputando posições com os Porsches aspirados e os BMWs, veículos de corrida importados que pela primeira vez competiam aqui. Claro que o carro não tinha condições de ir além disso, mas deixou sua marca, levando os espectadores ao delírio. Missão cumprida, o Mustang parou por falta de combustí-

Maverick de quatro portas.

vel. O Maverick, no entanto, resistiu até o final e terminou a corrida em nono lugar.

Passadas quatro décadas, o Maverick ainda é uma presença importante em algumas corridas, e podemos observar que a maioria das mecânicas utilizadas em veículos transformados ao estilo Hot Rod usam mecânica, diferencial e câmbio do modelo, por sua reconhecida robustez e potência. Tanto é verdade que a equipe Automotor utiliza até hoje os Mavericks em competições – alguns deles, os mesmos que corriam nos anos 1970.

Equipe Automotor – anos 2000.

MAVERICK

manual de serviço

CAPÍTULO 5

DADOS TÉCNICOS

FORD BRASIL S.A
Depto. de Serviços Técnicos
Publicações Técnicas
São Paulo - Brasil

junho - 1973

FICHA TÉCNICA

O Ford Maverick parou de ser fabricado no Brasil em abril de 1979, deixando uma legião de clientes fanáticos e admiradores do modelo. Mesmo após décadas do encerramento de sua produção, ainda é comum encontrar um Maverick rodando por aí como carro de uso comum, sem falar nos vários que podem ser encontrados em coleções e em eventos.

No total, foram colocados no mercado 108.106 unidades do Maverick em todas as versões, sendo a grande maioria de cupês. A carroceria sedã e o acabamento GT representaram, cada um, pouco mais de 10 por cento da produção, o que deixa os demais cupês com praticamente 80 por cento – uma prova de que o consumidor brasileiro era fanático por carros com duas portas. Situação bem diferente da atual, em que os carros com quatro portas, dos modelos mais básicos aos do segmento de luxo, são a preferência.

Para facilitar a interpretação dos detalhes que envolveram a fabricação do Maverick, vamos conhecer um pouco mais os dados técnicos, a começar pela tabela de produção.

Produção

ANO	CUPÊ	SEDÃ	GT	TOTAL
1973	16.287	602	2.081	18.970
1974	23.859	6.734	4.177	34.770
1975	17.864	2.297	998	21.159
1976	18.040	1.443	499	19.982
1977	5.278	513	1.643	7.434
1978	3.526	233	998	4.757
1979	800	57	177	1.034
TOTAL	85.654	11.879	10.573	108.106

Fonte: Cássio Pagliarini, *Tempos de V8* – Clube do Ford V8 do Brasil.

Dados técnicos

A partir da tabela, podemos fazer algumas observações interessantes:

A quase totalidade da produção foi de cupês (que compreende também o GT, só disponível nessa configuração de carroceria), restando, portanto apenas quase 12.000 carros com carroceria sedã.

Da versão GT, só foram fabricadas pouco mais de 10.500 unidades, portanto, desconfie se encontrar muitos GTs por aí. Aliás, como esse é o tipo de veículo que tem tido maior procura atualmente, a tendência é aparecerem muitos "falsos GTs".

Informações não oficiais dão conta de que em 1979, dos 177 GTs produzidos, apenas 53 teriam sido equipados com o motor V-8; os demais teriam o motor de quatro cilindros.

Infelizmente não é possível, por meio das informações disponíveis, saber quantas unidades de cada padrão de acabamento (Super, Super Luxo e LDO) foram produzidas.

Também não é possível identificar qual tipo de motor (de quatro, seis ou oito cilindros) teve maior ou menor produção, embora se possa dizer que as carrocerias equipadas com o seis-cilindros devem ser minoria, devido ao pouco tempo em que estiveram disponíveis.

Apesar dos números aqui apresentados serem exatos e de fonte confiável, sabe-se da existência, no Rio de Janeiro, de um Maverick fabricado em 16 de abril de 1979, cujo número de produção é

Modelo de plaqueta de identificação.

108.225. Coisas da indústria automobilística brasileira!

Isso deixa bem claro como é feito o tratamento das informações sobre a história do automóvel nacional. Percebe-se que não há, na realidade, muito interesse em se preservar dados, permitindo que as poucas informações existentes sejam passadas verbalmente, e muitas vezes sem que se possa comprová-las.

Um dos objetivos deste capítulo é justamente tentar criar uma referência documental e, assim, permitir que os dados técnicos estejam disponíveis.

Na montagem dos dados, a maior dificuldade foi verificar a veracidade das informações. Portanto, o amigo entusiasta pode ficar tranquilo: o que aqui está foi amplamente checado e conferido, a fim de evitar erros e perpetuar informações incorretas.

Infelizmente, não foi possível descobrir tudo. Minha frustração está no fato de não poder oferecer a tradução dos códigos das plaquetas de identificação no que tange às cores, exclusivamente. Após muita pesquisa, o máximo que obtive foi o padrão de cores utilizados pela empresa Lazzuril (atual Sherwin-Williams) e os códigos da produção dessas tintas. Mas já serve para quem precisa fazer a cor de seu Maverick e manter a tonalidade original.

Que tal, então, conhecer em detalhes os códigos do Maverick?

INTERPRETAÇÃO DOS CÓDIGOS DE IDENTIFICAÇÃO

Saber como é o veículo, qual é o modelo, o tipo de estofamento, de motor e as demais características técnicas pode ser extremamente complicado para a maioria dos proprietários de Maverick. A tarefa de identificar as características originais de um carro talvez seja uma das maiores dificuldades enfrentadas no restauro.

Além disso, as frequentes alterações que muitos proprietários, por diversos motivos que não cabe avaliar aqui, realizam em seus carros fazem com que seja difícil garantir a originalidade de um Maverick.

Mas, com informações técnicas, essa tarefa pode ficar mais fácil, evitando-se, desse modo, problemas no futuro. Assim, a intenção aqui é permitir ao leitor encontrar as características de fábrica de um Maverick e, a partir disso, atestar seu grau de originalidade. Para tanto, foram extraídos dados do manual técnico emitido pela Ford Motor Company do Brasil, para os anos de 1973 e 1974, que na época era de uso exclusivo das concessionárias. Além deste material, foram feitas amplas pesquisas em diversos outros documentos e, principalmente, em veículos com história e originalidade conhecidas e comprovadas.

Uma das dificuldades enfrentadas é que nunca houve a reimpressão desse manual técnico, e os códigos usados nos anos posteriores a 1974 foram divulgados por meio de boletins de circulação interna, ou seja, da Ford para os distribuidores. Vale um comentário: as mudanças ocorriam e o manual não era alterado, e isso nos dois primeiros anos de existência do modelo... Ainda teríamos mais cinco anos pela frente! É compreensível a dificuldade em se obter dados confiáveis, já que nem a fábrica oficializou o registro de maneira eficiente.

Os dados referentes especificamente aos anos de 1975 a 1979 foram preparados por analogia e com pesquisas em veículos sabidamente originais de fábrica, em virtude de nunca terem sido, oficialmente, divulgados pela Ford. É importante salientar, no entanto, que eles indicam a realidade dos códigos utilizados, pois todos foram checados em

Dados técnicos

veículos originais e de único dono, cuja procedência é legítima e conhecida.

Nesse sentido, quando ocorrer a necessidade de se verificar a originalidade do veículo, o principal item de verificação é o número do chassi, que pode ser identificado de forma exata em três diferentes fontes: por meio do registro na plaqueta de identificação existente ao batente interno da porta do motorista, no documento do veículo e na gravação existente na própria carroceria. Reitero este ponto porque, infelizmente, é bastante comum encontrar veículos sem a referida plaqueta de identificação, muitas vezes perdida por causa de algum conserto ou até retirada para dificultar a identificação das alterações realizadas.

O número do chassi de todos os Mavericks começa com **LB**, que significa o país de origem (L) e a linha de montagem (B), que são, respectivamente, Brasil e São Bernardo do Campo (SP).

Após a indicação de sua origem, há uma combinação do número 5 com uma letra, de A a E, indicando o modelo do veículo. Na sequência há duas letras, que indicam o ano e o mês de fabricação.

Os cinco números seguintes indicam a quantidade de veículos fabricados – por exemplo, o número 20685 indica que se trata do Maverick de número 20.685 entre os 108.106 fabricados. Por volta de 1978, a numeração voltou a ser "zerada", o que torna possível encontrar um chassi com o número 00153, pois é na realidade

o de número 100.153 e que foi gravado desta forma, mas isso só para os veículos após o ano de 1978.

Contudo, os dados apresentados pelo número do chassi não são os únicos a serem verificados e devem ser confrontados com outros códigos, que estão grafados na plaqueta de identificação fixada ao batente interno da porta do motorista.

Como dito anteriormente, a plaqueta pode não existir mais, então só resta observar outros indícios para confirmar a originalidade. Uma das alterações mais comuns é a troca do motor de quatro ou seis cilindros pelo V-8. A grande maioria dos proprietários que faz esse tipo de mudança não se preocupa com as demais correções necessárias e deixa, por exemplo, o diferencial original. Como não existe mais a plaqueta para comprovar a alteração, resta ao interessado no veículo checar a plaqueta impressa em baixo-relevo no próprio diferencial onde está indicada a relação; mas, convenhamos, para isso é necessário levantar o carro em um elevador específico ou deitar ao chão.

Um exemplo da necessidade de se conhecer os códigos é um anúncio em site especializado de um Maverick ano 1974 com motor de quatro cilindros, que, segundo o proprietário, era "original". Bem, nem com muito bom humor esse carro poderia ser original, pois o motor de quatro cilindros só foi lançado em 1975. Para evitar que tais situações ocorram e até para inibir as tentações de fazer valer a "Lei de Gerson", na alusão de ter vantagem em virtude da falta de conhecimento

Embora apareçam códigos entre os meses de janeiro a maio de 1973, é sabido

Ano e mês de produção

ANO	CÓDIGO	MÊS DA MONTAGEM											
		JAN	FEV	MAR	ABR	MAI	JUN	JUL	AGO	SET	OUT	NOV	DEZ
1973	N	J	U	M	P	B	R	A	G	C	K	D	E
1974	P	L	Y	S	T	J	U	M	P	B	R	A	G
1975	R	C	K	D	E	L	Y	S	T	J	U	M	P
1976	S	B	R	A	G	C	K	D	E	L	Y	S	T
1977	T	J	U	M	P	B	R	A	G	C	K	D	E
1978	U	L	Y	S	T	J	U	M	P	B	R	A	G
1979	X	C	K	D	E								

Fonte: *Manual de Serviços do Maverick* (Ford Motor Company) para os anos de 1973 e 1974, complementado com pesquisa de Stanley Gregson e Paul William Gregson para os anos de 1975 a 1979

geral sobre o assunto, é que a explicação dos dados da plaqueta estão aqui apresentados.

Vamos, então, conhecê-los.

Os códigos apresentados indicam o ano e o mês de fabricação do veículo, ressaltando que os dados dos anos de 1975 a 1979 foram pesquisados fora do manual técnico, mas representam a veracidade. Portanto, um Maverick que apresente os códigos SC foi fabricado em 1976 (S), no mês de maio (C).

que isso foi feito apenas para efeitos documentais dos registros legais da autorização de produção perante os órgãos governamentais competentes, já que o Maverick teve seu lançamento e produção somente em junho daquele ano.

O tipo de carroceria e o padrão de acabamento são indicados por dois códigos sequenciais, um numérico e outro alfabético.

Carroceria e acabamento geral

CÓDIGO	CARROCERIA E ACABAMENTO
5A	Super cupê
5B	Super cupê Luxo
5C	Super sedã
5D	Super sedã Luxo
5E	GT cupê

Fonte: *Manual de Serviços do Maverick* (Ford Motor Company)

Dados técnicos   101

O tipo de estofamento está diretamente ligado ao padrão de acabamento do modelo; portanto, conforme já visto, os tipos de estofamento só podem estar dando um visual bem diferenciado às partes internas dos assentos e dos encostos. As versões Super Luxo e LDO possuíam diferenças mais marcantes entre si.

Estofamento

CÓDIGO	CARROCERIA E ACABAMENTO
A	Preto
B	Vermelho
C	Azul
D	Marrom
E	Cinza
F	Especial

Fonte: *Manual de Serviços do Maverick* (Ford Motor Company)

disponíveis em determinados acabamentos. Um exemplo típico é o caso do GT, no qual obrigatoriamente a cor do estofamento é preta.

O padrão do estofamento era único nos padrões Super e GT, sempre preto. Opcionalmente, os bancos da versão GT podiam vir com os galões em vermelho,

A identificação dos códigos da carroceria é mais detalhada e, portanto, ajuda a identificar detalhes de acabamento interno do veículo, como o tipo de banco, por exemplo.

À esquerda: forração da porta da versão Super e GT. Acima: forração do banco da versão Super.

Carroceria

CÓDIGO	CARROCERIA E ACABAMENTO
54A	Super sedã – Banco inteiriço
54B	Super sedã – Banco individual
54C	Super sedã Luxo – Banco inteiriço
54D	Super sedã Luxo – Banco individual
62A	Super cupê
62B	Super cupê Luxo
62D	GT cupê

Fonte: *Manual de Serviços do Maverick* (Ford Motor Company)

TETO DE VINIL

A existência ou não de teto de vinil é registrada por uma letra complementar que fica junto à letra que identifica a cor do veículo. Está indicado na plaqueta como o segundo código da cor. O detalhe é que todos os Mavericks têm duas letras para indicar a cor, porém apenas a primeira letra é que realmente determinava a coloração, pois a segunda sempre é O. A exceção ocorre quando da existência de teto de vinil; nesse caso a letra O desaparece, dando lugar às letras Z (teto de vinil preto) ou Y (teto de vinil areia).

O código do motor que foi montado na carroceria é representado por três letras distintas, ou seja, se o código não corresponder ao motor instalado é porque se trata de um veículo que teve o motor trocado.

Motor

CÓDIGO	TIPO
N	quatro cilindros (2.300 cm^3)
P	seis cilindros (3.016 cm^3)
R	oito cilindros (4.942 cm^3)

Fonte: *Manual de Serviços do Maverick* (Ford Motor Company)

Dados técnicos _____ 103

Simples e direto, não há meio-termo nem tampouco exceções, versões especiais ou qualquer outra história que se ouve com certa frequência. Ou a letra impressa na plaqueta corresponde ao motor do veículo, ou houve alteração.

É interessante também saber a data de fabricação do carro. Para uns, saber o ano e o mês pode ser pouco, então que tal saber o dia também? Assim, pode-se organizar uma homenagem na data certa.

Aqui cabe uma ressalva, pois nos anos de 1973 e 1974 a data de fabricação é composta por um ou dois algarismos, que

mos: os dois primeiros indicam o dia da produção, os dois intermediários indicam o mês e o algarismo final indica o ano.

Ex: 26085 => veículo fabricado no dia 26 de agosto de 1975.

Quem troca o motor e "perde" a plaqueta de identificação não trocou o diferencial; assim, pode-se perceber a fraude checando a relação existente.

O código A refere-se ao motor de seis cilindros, o código B ao motor de quatro cilindros e o código S ao V-8.

A caixa de câmbio é outro item identificado na plaqueta que costuma sofrer

Eixo

CÓDIGO	TIPO
A	3,31 : 1
B	3,92 : 1
S	3,07 : 1

Fonte: *Manual de Serviços do Maverick* (Ford Motor Company)

vão em escala de 1 a 31, indicando, portanto, o dia da produção.

Mas, após 1975, a data de fabricação passou a ser impressa com cinco algaris-

alteração, principalmente quando o acionamento é na coluna, considerado pouco confortável por muitos e que, por esse motivo, faziam a alteração para o assoalho.

Transmissão

CÓDIGO	TIPO
A	Convencional – 3 velocidades – alavanca na coluna de direção
B	Convencional – 4 velocidades – alavanca na coluna de direção
D	Convencional – 4 velocidades – alavanca no assoalho
J	Automática

Fonte: *Manual de Serviços do Maverick* (Ford Motor Company)

Finalmente, os códigos das cores. Como informei no início, não foi possível até o momento identificar as letras e suas correspondentes cores de carroceria. A Ford Motor Company informou não ter guardado em arquivo esse material e as pesquisas desenvolvidas (que foram muitas) a respeito não lograram êxito. Algumas cores foram identificadas, baseando-se em veículos sabidamente originais, mas optei por não citar parcialmente. De qualquer forma, com base no manual técnico à época do lançamento do Maverick, portanto válido para o ano de 1973 somente, eis os códigos das cores existentes.

Para os anos seguintes, a sugestão é procurar a tabela de cores da empresa Sherwin-Williams (Lazzuril), que era uma das fornecedoras da Ford, pois ali é possível encontrar algumas das tonalidades disponíveis. Mesmo que nem todas constem da tabela, ao menos é alguma informação. Procure pela referência "Lazzumix – cores nacionais – 1995".

Para concluir, existe a informação do ano-modelo, que é determinada por dois algarismos, que correspondem ao ano de fabricação – por exemplo: 75 => 1975.

Concluímos aqui nosso passeio de Ford Maverick, e espero que ele tenha sido tão emocionante para você quanto o é para mim, desde que eu tinha meus seis anos de idade – e olha que já faz tempo!

Cor

CÓDIGO	TIPO
A	Preto Bali
B	Branco Nevasca
C	Vermelho Cadmium
D	Turquesa Taiti
E	Bege Palha
F	Amarelo Tarumã
G	Verde Tortuga
H	Verde Angra
J	Marrom Terracota
K	Azul Colonial
L	Vermelho Imperial metálico
M	Bronze Fogo metálico
N	Verde Pinus metálico
P	Verde Sírius metálico
R	Prata Antares metálico
T	Turquesa Polaris metálico
U	Castanho Persa metálico
V	Azul Real metálico

Fonte: *Manual de Serviços do Maverick* (Ford Motor Company). Válido somente para o ano de 1973

FONTES DE CONSULTA

LIVROS

ALMEIDA, Amaury F. de. *Automóveis nacionais.* Rio de Janeiro: Cia. Gráfica Lux, p. 256

ARBIX, Glauco, e ZILBOVICIUS, Mauro, orgs. *De JK a FHC – A reinvenção dos automóveis.* São Paulo: Edições Sociais, 1997, p. 527

BALDER, Jan. *Nos bastidores do automobilismo brasileiro – Por que tantas vezes campeão?* São Paulo: Tempo e Memória, 2004, p. 252

FORD BRASIL S.A. *Publicity Analysis – '73 motorsport activities.* São Paulo: 1973.

FORJAZ, Mauro. *Na corrida de Maverick em Interlagos: nem Pace segurou os argentinos.* Rio de Janeiro: Efecê, 1975, pp. 58-61.

REVISTAS

Periódicos: *Autoesporte, Automóveis Antigos, Clássicos Automotivos Classic Show, Folha de São Paulo, Motor 3, O Estado de São Paulo, Oficina Mecânica, O Globo, Quatro Rodas, Tempos de V8,* entre outros.

SITES

www.cameoclub.com
www.clubefordv8.com.br
www.fordmaverick.com
www.fordmaverick.com.br
www.legendaryfordmagazine.com
www.maverickclubedecuritiba.com
www.maverickclubedobrasil.com.br
www.maverickclubrj.com.br
www.museumaverick.com.br
www.themaverickpage.com
http://showroomimagensdopassado.blogspot.com

CRÉDITO DAS IMAGENS

Abreviações: a = acima; b = embaixo; c = no centro; d = à direita; e = à esquerda.
Na falta de especificações, todas as fotos da página vieram da mesma fonte.

Página 8: Centro de Design da Ford Motor Company; Technical Press Information; Dearborn-EUA; março de 1969.

Página 9a: Ford Motor Company; Technical Press Information; Dearborn-EUA; março de 1969.

Páginas 9b, 10-11, 12a, 12b, 13b, 13d, 14b: Divulgação Ford/EUA.

Página 14: M.C.C.I.

Página 17: Ford Motor Company of Canada; Ford Canada News Services; Saint Thomas-Ontário; março de 1969.

Páginas 18 e 19: Divulgação Ford/México.

Página 21: Foto extraída do site www.maverick.to/shelbydemexico.html, com autoria creditada a Ulises Amezcua Garcia.

Página 24: *Quatro Rodas*, nº 134, setembro de 1971.

Página 26e e 26d: *Quatro Rodas,* abril de 1972.

Página 27: Cedoc/Anfavea, com base em material de divulgação do departamento de Imprensa da Ford Brasil.

Página 29: Cedoc/Anfavea, com base em foto doada por Ilona Gulbis.

Páginas 32, 36 e 38: Divulgação Ford.

Páginas 34, 51b, 54 e 91: Foto e carro de Paul William Gregson.

Página 40: *Autoesporte*, dezembro de 1973.

Página 42: Foto cedida por José Gilberto Alves Braga Júnior; Divulgação Ford.

Páginas 43, 45, 46, 55a, 55e, 56ad, 57ad, 57be, 58e, 61d, 61b, 62-63, 69be e 69bd: Foto de Rogério de Simone (carro de Paul William Gregson).

Páginas 48, 67ad, 76e, 76d e 77a: Foto e carro de Maurício de Andrade Silveira.

Páginas 49, 50, 51: Foto e carro de Stanley Gregson.

Páginas 52-53: Foto de Rogério de Simone (carro de Paul William Gregson).

Páginas 55, 56, 60be, 69, 99e, 99d, 100e e 100d: Foto de Estevam de Souza Traldi (carro de Paul William Gregson).

Página 57bd: *Quatro Rodas*, nº 204, julho de 1977.

Páginas 58d, 59c, 59b e 60ae: Foto de Rogério de Simone (carro de Mário Augusto M. Janizelli).

Página 60bd: Foto de Estevam de Souza Traldi (carro de Sérgio Ribeiro Gonçalves).

Página 65: Rogério Azambuja.

Página 66: Cedoc/Anfavea, com base em foto doada por José Roberto Ferro, publicada no jornal *Folha de São Paulo* em 25 de junho de 1975.

Páginas 67be, 67bd, 72e e 72d: *Motor 3*, setembro de 1981.

Páginas 68be e 68bd: *Quatro Rodas* nº 195.

Páginas 70-71: Foto produzida pelo Estúdio 11 (carro de Paul William Gregson).

Página 73: *Notícias Ford*, outubro de 1978.

Página 74a: *Automóveis Antigos Especial*, nº 4.

Página 74be e 74bd: Foto e carro de Cláudio Spiller.

Página 75: *Quatro Rodas*, agosto de 1974.

Página 77b: *Automóveis Antigos Especial*.

Página 79: Foto e carro de Rogério Ferraresi.

Página 80: Foto cedida do arquivo pessoal de Bird Clemente, que é o piloto do Maverick (nº 7) em destaque.

Página 81d: Divulgação Ford.

Página 81e: Rogério Ferraresi, baseado em folheto de época com a divulgação da Ford e da Souza Cruz.

Página 82: Foto e carro de Arnaldo e Sérgio Di Gênova.

Página 84: foto extraída de um folheto de divulgação para a revista *Quatro Rodas* nº 72, julho de 1966.

Página 85: Foto cedida do arquivo pessoal de Bird Clemente.

Páginas 86-87: Foto de Paulo Afonso Trevisan, cedida pelo Museu do Automobilismo Brasileiro.

Página 88: Foto de Paulo Afonso Trevisan.

Páginas 90 e 91: Foto de Luis Francisco Baptista, cedida pela equipe Automotor.

Página 95: Foto de Rogério de Simone (plaqueta do acervo do autor).

Conheça os outros títulos da série:

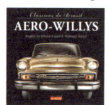 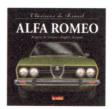 
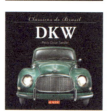 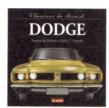 
 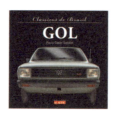 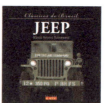